수능엄삼매에 들어 깨달음을 노래하다

수능엄삼매에 들어
깨달음을 노래하다

펴 낸 날 2023년 5월 19일

지 은 이   김형식
펴 낸 이   이기성
편집팀장   이윤숙
기획편집   이지희, 윤가영, 서해주
표지디자인 이지희
책임마케팅 강보현, 김성욱
펴 낸 곳   도서출판 생각나눔
출판등록   제 2018-000288호
주   소   경기 고양시 덕양구 청초로 66, 덕은리버워크 B동 1708호
전   화   02-325-5100
팩   스   02-325-5101
홈페이지   www.생각나눔.kr
이 메 일   bookmain@think-book.com

• 책값은 표지 뒷면에 표기되어 있습니다.
  ISBN 979-11-7048-561-2(03220)

수능엄삼매에 들어
깨달음을 노래하다

김형식 지음

하늘이 보고 있다.
게으르지 말고 정진하여
천지를 감동시켜라.

생각나눔

머리말

───

　　무엇으로 어떻게 수행하여 현세의 삶에서 집착과 욕망의 굴레에서 벗어나 대 자유의 삶을 살 수가 있을까? 이것은 이 땅에 살아가는 지구촌 모든 사람의 화두이기도 하다.

　　과거 저자는 명상을 하면서 한 가지 소원은 단 20분이라도 번뇌와 망상이 없는 명상을 해 보는 것이었습니다. 그렇게 삶을 살아가면서 한 가지 의문이 올라왔습니다. '무엇인가 단순하면서도 핵심적인 것이 있지 않을까?' 하는 의문이 니콜라 테슬라란 과학자의 말이 가슴을 뭉클하게 하였습니다. 그것은 이렇습니다. 우주 자연의 궁금증을 파헤치려면 진동, 에너지, 주파수에 관심을 가지라고 하는 말에 공감이 그냥 되었습니다. 그렇고 괴테의 시 한 수를 접하고 나니 삶과 죽음 뒤의 궁금증이 풀리기 시작하였습니다.

　　이런 기초지식은 그동안 우주 자연을 늘 문사수하여 온 나그네에게는 매의 눈처럼 우주 자연을 관찰하는 힘이 강화되었고, 그러던 중 옴아훔 만트라와 일곱 개의 천상의 음과 인연이 되었습니다. 이것으로 폐관 동안거를 통하여 부처님의 32상을 단 열흘 만에 6개의 신경이 다 이완되는 경이로움을 체험하고 나서 점차 한 생각도 일어나지 않는 명상이 가능하다는 것을 경험하여 끝내는 수능엄삼매에 들어 부르는 깨달음의 노래를 부르게 되었습니다. (수능엄삼매는 한마디로 인간의 영성의 극치를 체험하는 깊은 선정을 말합니다.)

우리는 지금까지 명상하여 '한 생각도 일어나지 않는 명상이 가능하다는 말을 하는 사람이 지구촌에 없는 것 같습니다.' 그저 알아차림을 하라고만 하였지 어떻게 인간의 몸을 가진 이상 명상 중에 한 생각도 일어나지 않는 것이 과연 가능한 것일까요? 여러분에게 질문을 올립니다.

이것에 대하여 명상을 연구하는 과학자분들도 명상 중에 망상이 나오는 것은 당연하다고 말을 합니다. 그것이 옳고 그름을 말하려고 하는 것이 아니라 얼마든지 '그런 조건(번뇌와 망상이 나오지 않는)을 인간의 몸과 의식에 갖추어지면 누구나 가능한 것'입니다. 과연 그것이 가능하게 하려면 우리가 지금까지 공부하는 방법으로는 부족하기에 그것을 토대로 그동안 우리는 지금까지 '과연 무엇을 소홀히 하고 놓쳤는가?'를 되돌아보아야 합니다.

그동안 우리가 보고 배운 지식과 방법으로는 과거에 우리의 조상님들은 그것이 가능하였지만, 오늘날 우리는 그러한 원인과 조건을 만들지 못하기에 이런 변화무상한 현실에 우리는 무엇인가 막혀서 길을 제시하지 못하고 있습니다. 우리가 공부하는 마지막 관문은 깊은 선정과 묵상을 통하여 본성과 성령을 체험하여 우리의 몸과 의식이 변하여 지금 이곳에서 감동의 삶을 살아가는 것입니다. 그리고 좀 더 역량 있는 사람들은 더 깊은 삼매에 들어 우리 사회와 지구촌의 문제에 대하여 혜명의 길을 제시하여야 사회가 정화되고 그 가르침으로 우리는 지금 우리의 삶을 행복하게 살 수가 있는 것입니다.

깊은 선정을 통하여 한 생각도 일어나지 않는 선정의 경지를 체험하고 나면 그동안 관념으로 깨달은 깊이를 더 명쾌하게 하여 나와 상대를 이롭게 할 지혜가 나오게 되어있습니다. 일찍이 부처님 이후 조사선은 관념으로 깨달은 이야기가 주류이고 깊은 선정을 통하여 의식을 경험한 깨달음의 노래는 찾아볼 수가 없습니다. 그렇다 보니 관념으로 깨닫고 다시 그것을 깊은 선정을 통하여 몸과 의식 그리고 우주 자연과 인간의 몸을 연기적으로 노래한 깨달음은 아직 없다는 것입니다.

이 책은 지금까지 그 부족한 부분을 여러분께 채워줄 것입니다. 지금 우리 사회에 깨달은 사람과 하나님의 성령을 체험한 사람은 많아도 좀처럼 사회가 변하지 않는 것은 관념으로 깨닫다 보니(의식의 변화가 미미하여 감동이 일어나지 않다 보니) 우리 사회에 도움을 주지 못하는 것입니다. 깊은 선정과 묵상을 바르게 체험하면 우리가 그동안 배운 진리는 그냥 알려고 하지 않아도 스스로 터득되어 영성의 깊이가 깊어지는 것입니다. 이론으로 배운 것을 깊은 선정과 묵상에서 스스로 증명을 할 때 인간의 영성은 변화가 오는 것입니다.

그리고 제가 말하는 한 생각도 일어나지 않는 깊은 선정을 체험하면 스스로 양심이 발동하여 이타의 삶을 살지 않을 수가 없습니다. 이것이 부처와 예수님이 이러하였기에 당신이 죽을 것을 알면서도 그 일을 행하는 사랑과 자비의 힘인 것입니다. 이것은 우리의 근원에서 스스로 우러나오게 인간의 몸과 의식은 본래 그렇게 되어 있지만, 그곳에 이르는 것은 깊은 선정과 묵상을 경험하여 우주 자연과 같은 티끌이 없는 몸과 의식을 갖추면 되는 것입니다. 이런 과정을 거치지 않다 보니 역대 성인분들의 영성 근처에도 가보지 못하고 또한 인간이 품어야 할 순수의 영성을 바르게 경험을 하지 못하다 보니 울림이 없고 그저 말 잘하는 앵무새만 만들어내는 꼴이 되었습니다.

그래서 늦었지만 오랜 시간 문사수 끝에 우리의 모순을 들여다보고 그 해결책을 제시하는 것임을 우리 사회와 지구촌의 가족들이 공감하는 사람들이 나와 주기를 하는 작은 바람으로 이 책을 집필하게 되었습니다.

수능엄삼매에 들기 위한 차제는 이렇습니다. 첫 번째로 우리가 숨 쉬는 우주 자연을 이해하여야 합니다. 그중에서도 우주 자연에 존재하는 원자는 진동한다는 자연의 법칙을 인간과 자연의 연기법을 적용하여 사유하여야 궁극의 깨달음이 깊어져서 막힌 것을 뚫을 수 있는 지혜가 나옵니다. 두 번째로 신묘한 자연의 원리와 우주 자연의 생명의 소리를 압축한 옴과 흠을 토대로 만들어진 일곱 개의 천상의 음(인간의 오욕 칠 정을 벗어난 생명의 소리) 도움으로 인간 본연의 고운 심성을 회복할 수가 있습니다(무의식이 정화된다.). 세 번째로 본래 우리가 아기 때 숨 쉬던 태식 호흡을 하기 위하여 일곱 개의 에너지 차크라를 열어 태초의 몸을 만드는 것입니다.

이처럼 지금까지 우리가 소홀하였던 부분들을 문사수를 통하여 궁극에는 우리가 지금 각자 공부하는 진리를 폭넓게 이해하는 안목을 제시할 것입니다. 다소 생소할 수도 있지만, 기존의 고정관념을 내려놓고 공부하시면 지금 여기에서 무슨 일을 하여도 항상 즐겁고 감사한 삶을 살 수가 있음을 안내합니다.

결론적으로 이 책의 목적을 정리하면 지금까지 우리가 공부한 진리의 소중함을 꽃을 피워 향기를 내는 것을 도와 드리는 것입니다. 그동안 우리가 소홀하고 놓쳤던 부분을 몸과 의식을 통하여 공부하여 궁극에는 깊은 선정과 묵상에 들어 우리가 본래 지닌 순수한 인간의 본성을 회복하여 지금 이대로 감사와 행복한 삶을 안내하는 것입니다. 그것은 무엇을 많이 가진 것이 아닌 숨 쉴 수 있다는 것만으로 삶은 경이요 신비이기에 지금 여기에서 마땅히 이 타의 삶을 살아야 한다는 게 인간의 가장 아름다운 모습임을 나누고 싶어서입니다. 이 책은 개신교와 천주교에서도 몸과 의식 수련을 더불어 공부하자는 차원에서 가볍게 묵상에 이르는 길을 안내하고 있습니다. 지금까지 따로따로의 저마다의 진리를 이야기하지만, 이 근본을 이해하면 지구촌이 평화로 갈 수가 있으며, 또한, 종교를 넘어 지구촌 가족들이 다 함께 영성의 꽃을 피우기 위하여 일독하여야 할 책임을 밝힙니다.

이 책의 인연으로 하여금 깊은 선정과 묵상에 들어 우리 사회와 지구촌에 혜명의 길을 제시하는 안목이 출출한 분들이 나오기를 희망합니다.

끝으로 이 책이 나오기까지 비닐 움막 수행자의 영혼을 맑혀준 계방산 자운대 골바람 스승님께 법공양을 올리며, 또한 출판에 도움을 주신 서정세, 박천광, 불광명님에게 진심으로 감사를 올립니다.

2023년 2월 27일 계방산 자운대에서
지구촌 평화 연민 치유사 김형식(자비) 두 손 모음

목차

제2장. 깊은 선정과 묵상에서 깊은 삼매에 이르는 실전 팁

제 3 장. **수능엄삼매에 들어 부르는 깨달음의 노래**

제 1 장

◇

수능엄삼매에 들어
깨달음을 증하다

한 줄 명상

(수능엄삼매에 이르는 의식 여행)

　　지금부터 안내하는 것은 음양오행의 원리를 가지고 연기법과 연기 공성을 깊게 체득하고 보리심과 보리심의 지혜를 발심한 상태에서 혹독한 무문관 폐관 수련을 마치고, 선불교에서 말하는 오도송을 짓습니다. 다시 비닐 움막에서 골바람 스승님의 장군 죽비를 온몸으로 맞고 그것을 근 사십 년을 숙성하고 나서 출발합니다. 행여나 걸망이 가벼운 것 같아 우주 자연 원자의 운용법의 핵심인 진동의 원리와 그것을 함축하며 우주 자연의 시공의 소리인, 옴과 흠을 바탕으로 만들어진 천상의 음을 소지하고 궁극의 깨달음의 만행을 떠납니다.

　　의식의 걸망은 충만하지만 본래 무거움이 없음을 알기에 숨소리가 고요하다 못해 마치 숨이 멈춘 것 같은 착각을 하게 합니다. (깔딱 깔딱: 수능엄삼매의 호흡상태를 말함)

　　이것은 단전과 백회가 열리고 횡격막이 이완되니 온통 온몸이 피부호흡이 되기 때문입니다. 굳이 코로 숨을 쉬지 않아도 피부호흡이 되다 보니 다섯 걸음을 걸은 것 같은데 무심히 되어 내 몸이 있는지 없는지조차 느끼지 못하겠습니다.

　　불이 없어도 온몸에 백호 광명 빛이 나 투니 육신의 무게는 잊은

지 오래고, 겨울 오대산 삭풍의 맹추위는 60조의 세포에서 내뿜는 열기에 꼬리를 낮춥니다. 몸과 의식은 겨울 산의 태초 침묵으로 들어갑니다. 더 느린 속도로 기류를 타다가 몸은 아예 허공으로 사라집니다. 다만 의식은 자신의 산소로 더 높이 날아오르나 겨울바람에 요동치지 않습니다. 거친 호흡에서 세밀한 호흡으로 다시 호흡은 더 느려집니다. 기어 변속을(들숨과 날숨) 한두 번 왔다 갔다 하더니 그 요동으로 척추의 24마디가 움찔합니다. 갑자기 자동차가 멈춘 것 같은 느낌으로 호흡이 툭 끊어지는 느낌을 받습니다. (의식이 분리되는 순간 깊은 선정으로 진입)

지금서부터의 의식은 마치 타임머신을 타고 지구를 벗어나 대기권과 성층권을 지나 달나라에 도착하여 흰 구름을 타고 우주를 비춰보는데 티끌만 한 에고가 없는 의식의 밝기와 투명도 그리고 해상도는 너무도 밝습니다. (수능엄삼매의 깊이를 예로 들어 설명하는 내용)

지구에서 달나라(본성과 성령)의 순도 100% 태초의 순수의식(본성)으로 진입하려면 추진력이 필요합니다. 이때 몸 수행을 한 축기의 에너지 도움으로 의식의 타임머신은 더 깊게 높이 들어가서 달나라에 도착할 수가 있습니다. 이때 몸과 의식 이완의 두 균형이 조화롭지 못할 때는 달나라에 도착하여도 근접 삼매만 이루다 빙빙 돌다가 다시 지구로 후퇴할 때가 수백 번입니다.

근접 삼매가 되어 다시 성성한 의식으로 가늘고 옅은 호흡으로 다시 숨 고르기가 이어지다 다시 한번 의식의 분리가 이어집니다. 이제 달나라, 즉 '우리의 본성과 성령의 자리인 텅 빈 공성의 맑고 밝은' 궤도에 진입하였습니다.

일체의 겉에(번뇌 망상)도 오염되지 않는 태초 순수의 알아차림으로 우주의 망망대해에 구름 위에 앉은 느낌으로 수능엄삼매에 들어 오온이 공함을 비추어 봅니다. 그 주관과 대상이 분리되지 않은 일심의 의식을 여러분들과 함께 나누어 보렵니다. 수능엄삼매는 인간의 의식으로 선정과 묵상으로 들 수 있는 최고의 선정을 말하며, 한 티끌의 미혹이 없는 초순수의 의식을 체험하여 일체 종지를 훤히 다 밝히는 지혜의 선정이기도 합니다.

이 장에서는 만트라 명상으로 일곱 개의 신경이 회복되어 깊은 선정과 묵상으로 들어가서 궁극에는 깊은 삼매에 들어 오온이 공함을 비추어 보아 깨달음을 증하는 과정을 안내합니다.

아직 단전과 백회, 횡격막 신경이 이완되지 못하였어도 언젠가는 우리는 모두 이 과정을 한 번쯤은 통과해야만 이 지구촌에 와서 숙제를 마치게 되는 것입니다.

우리가 몸이 아파 힘들어할 때 경험 많은 의사를 만나게 되면 이미 병을 고칠 수 있다는 안도감을 느끼듯이 영성 공부의 길도 마찬가지입니다. 안내하는 사람이 이미 그것을 경험하고 묵히고 삭혀서 전달하는 내용은 일단은 쉽고 배우기가 간단하며 효험이 있어야 합니다.

'부처님이 깨달음을 얻으시고 이 회유한 법을 그 누가 알아들을 수가 있을까?' 하는 고뇌에 빠졌을 때 제석천이 나타나서 법문하시면, 그중에서도 알아듣는 사람이 있다고 하였듯이 깊은 명상 중에 '한 생각도 일어나지 않는' 이런 경계를 '과연 사람들은 믿을 수가 있을까?' 라는 생각을 하게 됩니다.

받아들이고 안 받아들이고는 중생의 근기에 따라 다르니 그 한 사람의 부처 탄생을 위하여 다시 만행을 떠나 봅니다.

1. 함께하는 차담

　이번 생에 여기에서 깨달음을 이루려면 먼저 간절한 마음이 있어야 합니다. 저의 이야기를 나누어 보면 첫째로 내가 공부하여 일체중생을 다 행복하게 하겠다는 생각을 꿈에서도 놓쳐서는 안 되며, 두 번째는 깨달음을 얻기까지 냉방에서 좌 복을 하나는 깔고 덮으면서 간절 심을 키워갔으며, 반찬은 일식삼찬을 넘어서지 않았으며 오후 불식을 이어 왔습니다. 또한, 동안거 수련에서 기본적으로 하루에 15시간을 수련하며 세 번의 무문관 수련 과정을 통해 부처님의 32상을 구현하여 안으로 헐떡거리는 마음을 조복 받았습니다.

　수행의 과정에서 한 번쯤은 목숨을 던질 만큼 출정한 각오로 공부하여 영적 성숙을 끌어내야 합니다. 때론 주변으로부터 냉정하고 이기적이다는 소리를 들을 정도로 외부와의 만남을 끊고 절대 고독에서 사랑과 자비심을 키워 보리심 공덕을 갖추어야 합니다.

　할 거 다 하고 돌아다닐 것 다 하며, 볼 거 다 보다 보면 출세 간이 아닌 세속의 생활과 별반 다르지 않기에 적어도 공부할 때는 자동차도 없이 걸어서 다니면서 우주 자연의 고운 숨결을 이때 들어야 합니다. 그리고 그 숨결을 지속하여 내 몸과 의식에 일치를 시켜야 합니다.

　철저하게 스승을 찾되 말 잘하는 스승보다 몸과 말로써 일치되며 궁극의 깨달음을 얻으신 분이어야 합니다. 이런 스승을 아직 만나지 못하였다면 삼 년을 기도하면서 자신의 모순을 찾을 때 스승은 그리 멀리 있지 않음을 발견할 것입니다. 스승은 부처님의 환신이기에 스승님을 위하여 이 한마음 바칠 수 있는지를 점검해서 스승님이 말씀하는 것을 그대로 믿고 행하여서 스승을 넘을 수 있는 제자가 되어야 합니다.

또한, 스승님에 대한 존경심이 가슴 뭉클하게 올라와야 하는데 건성으로 스승을 만났다면 이것은 서로가 이롭지 못하니 꼭 유념하시기를 부탁드립니다. 나의 깨달음으로 우리 사회와 지구촌을 이롭게 하고 고통받는 중생들의 삶에 새로운 이정표를 제시할 선정의 지혜를 갖추어야 합니다.

이것이 되어야 입을 열고 세상에 나와야 감동을 줄 수 있습니다. 진리의 공부와 자연의 공부 어느 것에도 막힘이 없고 종교도 초월하여 세상을 맑고 향기롭게 하는 데 앞장서야 합니다.

수련의 시작도 보리심이며 끝도 보리심의 지혜로 회향되면 늘 지혜와 복덕을 갖춘 사람이 되면 이 시대 꼭 필요한 사람이 될 것입니다. 뜻을 깊게 하되 몸과 의식을 늘 이완하는 천상의 만트라와 함께하면 여러분들의 삶이 더욱 행복한 길을 갈 수가 있음을 분명하게 밝힙니다.

❖ 덧붙임: 보리심의 지혜란 일체 모든 생명들을 평등하게 자식같이 사랑하는 대승의 마음을 말함

2. 슝늉 한 사발을 더 나누면서...

만트라 명상을 한 시간 정도 집중하여서 하고 나서 명상이나 묵상을 하여보면 과거의 명상이나 묵상할 때와 다른 점이 나옵니다. 차크라의 신경이 살아나고 만트라 명상을 하면 사람에 따라 망상이 안 올라오기도 하고 미세한 번뇌 망상은 때에 따라 나오기도 합니다.

초심자와 중 참자 그리고 구참자에게 벌어지는 상황과 조건이 다르기에 견성을 한 사람이나, 하나님의 성령을 체험한 이들은 무심을 넘어 깊은 영적 선정과 묵상으로 들어갈 수 있습니다.

반면에 명상이나 묵상을 하시지 않았던 초심자들도 이치와 원리를 충분히 숙지하고 만트라와 진동 파동 음에 동화되면 본래 순수한 참 본성의 나와 하나님의 성령을 만날 수 있습니다.

다만 인체의 차크라 신경이 이완되지 않을 때는 제가 하는 이야기가 좀 황당하게 들릴 수도 있어 의심하는 것도 이해가 됩니다. 과거에 저도 수십 년을 망상과 싸우는 명상을 해 왔습니다. 저 역시 위와 같은 생각을 하였으나 조건이 형성되니 어느 것도 장애가 되지 않는 것을 몸소 확인하였습니다. 정리해 보면, 만트라 명상을 하고 명상이나 묵상을 하면 지금보다 더 순수한 의식을 접하게 되어 명상과 묵상의 참맛인 텅 빈 명료한 알아차림의 의식을 만나게 됩니다. 또한, 지금 하는 모든 일에 더 신심과 열정을 쏟으며 살아갈 수 있는 삶의 신성한 힘을 부가적으로 받을 수 있습니다. 이것이 삶의 축복입니다.

몸이 이완되지 않은 상태에서 명상과 묵상에 번뇌 망상이 더 많이 나오는 게 당연한 이치입니다. 어미 닭이 달걀을 따뜻한 사랑과 자비의 마음으로 품을 때 병아리는 안에서 움직여 줄탁이 되어 태어납니다. 몸의 신경이 이완되면 몸 구조상 신경 네트워크는 더 민첩하게 서로 유기적인 관계로 이완되어 균형을 이루기에 어느 한쪽에 부담을 주지 않습니다. 특히 마음을 만드는 곳이 우리의 뇌이기에 만트라 명상으로 뇌가 평화로와 세로토닌 호르몬이 졸졸 나오니 더 이 상의 요구가 줄기에 훈습의 번뇌는 줄어들게 우리 몸은 태초에 그렇게 이미 만들어졌던 것입니다. (몸과 의식이 이완되면 뇌에서 명령을 하달하지 않음)

몸이 이완되면 첫째로 오온의(색 수상 행식) 느낌이 사라집니다. 몸의 존재를 느끼지 못하면 무심으로 들어가기에 의식이 이완되면서 호흡이 점차 가늘고 얕아지며 초 집중력으로 들어가면서 몸의 느낌이나 의식을 더욱 선명하게 알아차림(해상도가 맑음)을 합니다.

마지막 꽃망울이 열리듯이, 지구에서 발사한 우주선이 몇 개의 과정을 거치면서 분리되어 결국 달에 도착하여 지구와 교신을 하듯이 깊은 선정과 묵상으로 들어가는 과정 역시 자연의 이치와 별반 다르지 않습니다.

몸과 마음이 더 세밀해지고 알아차림이 깊어지면 번뇌 망상은 있어도 약하여 힘을 쓰지를 못합니다. 그리하여 결국은 본래 무 극(절대계)의 자리인 본성은 더하지도 빼지도 않고, 불멸하는 그 자리에서 나와 우주 자연이 하나인 일미의 차를 공양하게 될 것입니다. 이 이름 붙일 수 없는 그런 의식을 만나는 것이지요….

우리가 이런 선정과 묵상의 힘으로 깊은 명상이나 묵상을 통하여 그 순수하고 또렷한 태초의 순수의식을 체험하면 할수록 나의 카르마는 스스로 정화됩니다. 그 태초의 의식 속에 본래 갖추어진 사랑과 자비의 마음으로 발심되어 세상에 좀 더 도움과 이로움을 나눌 수 있는 이런 선정이 바르게 나와야 합니다.

이 세상에서 최고의 맛은 본성과 깊은 성령 체험의 맛입니다. 이는 한 마디로 황홀한 지복감입니다. 남녀 간의 이성적인 쾌락의 맛과는 비교도 되지 않습니다. 선정의 공덕에 바른 정견을 흡수하면 우주 만물 만상의 지혜를 얻습니다. 이것을 통하여 인간은 감사와 덕분의 마음이 더 깊어지고, 그 성숙함으로 나와 세상을 그리고 지구촌을 행복하게 하는 삶을 안내하여야 합니다.

3. 수능엄삼매에 드는 차제

✳ 여기에선 몸 수련 안내는 제외하고 의식 수련만 안내합니다

-수능엄삼매란: 삼매의 종류는 108가지로 구분합니다. 그중에 가장 최고의 삼매가 수능엄삼매입니다. 수능엄삼매는 일체 번뇌를 모조리 없애는 멸진정을 성취해야 얻을 수 있는 삼매입니다. 수능엄삼매를 다른 말로 반야 바라밀이라 또는 금강 삼매라고도 합니다. 어떤 번뇌로도 파괴될 수가 없고 우주 만유의 근본 성품인 금강 불성을 훤히 깨달아 일체 종지를 다 얻는 삼매이며, 사자의 포효가 뭇 짐승들을 조복받듯이 사자후 삼매라고도 하며, 이보다 더 깊은 삼매는 없다는 말입니다. 수능엄삼매란 바로 본성과 성령을 말합니다. 본성과 성령 자리를 조금도 흠절 없이 훤히 투철하게 깨닫는 삼매가 수능엄삼매입니다(태안사 청화스님 말씀).

- 하나: 오직 모를 뿐이다. (나란 존재감만 느껴라) 일체의 사량분별을 하지 마라. 그냥 몸과 의식을 텅 비게 하라. 번뇌와 망상은 무상하기에 취하지만 않으면 일어났다 사라짐을 이해하라.
- 둘: 들숨과 날숨에 집중하여 일념이 되게 하라. 호흡 속에 답이 있다. 들숨과 날숨의 연기를 사색하라. 우주 자연의 원자는 진동한다는 것을 사유하여 모든 의문을 해소하라.
- 셋: 몸과 의식의 이완이 키워드임을 사유하라. 일곱 개의 천상의 음과 교차 호흡 그리고 인체의 차크라를 이완하고, 교차 호흡과 준장으로 몸에 에너지를 축기하라.
- 넷: 깊은 선정과 묵상으로 들어가서 이 무소득고 깨닫기.
- 다섯: 법도 버리고 머문 바 없이 집착 없는 마음 내기.

4. 깊은 명상과 묵상으로 들어가는 처방전은 무엇인가?

사실 횡격막 신경만 이완되었다면 깊은 선정과 묵상에 드는 것은 자연의 순리입니다. 무엇을 어떻게 하라고 말하는 것 자체가 부질없다는 것입니다. 조금은 이해가 부족할 수도 있지만, 횡격막 신경이 이완되었다면 몸과 의식은 경직에서 벗어났기에 어느 것에도 걸림이 없는 조건을 만들기에 처방전으로 제시하는 것입니다.

횡격막 신경이 이완되면 일단 가슴이 말랑말랑하여 호흡이 세밀하고 깊습니다. 마치 수문을 조금만 열어도 물이 쏟아져 들어오듯이 조금의 횡격막 움직임으로 다량의 산소가 흡입되어 세포의 분열에 도움이 되어 의식의 집중도를 높일 수가 있습니다.

평상시 호흡일 경우 들숨과 날숨이 거칠어 의식을 순일하게 집중하는데 비효율적이다 보니 번뇌와 망상이 나올 수 있는 조건이 되고 또한 무심과 무염을 이루는 데 방해가 된다는 것입니다.

호흡과 의식은 연기로 연결되어 세밀한 호흡이 되면 의식 또한 집중도가 깊어져서 초월이라는 의식의 형태를 만들어내기 때문입니다. 가늘고 얕은 호흡으로도 세포는 자신의 조건에 만족하기에 세로토닌 이란 호르몬을 방출하여 지복의 평화로움을 스스로 만들어내는 호흡의 메커니즘을 스스로 연출해 내는 것입니다. 횡격막이 이완되고 무심이 깊어질 때 호흡은 거의 무호흡에 이를 정도입니다. 우리의 몸과 의식은 이미 충분히 이완되다 보니 몸과 의식의 균형이 조화로워 신체 어느 한 부분도 부족한 것이 없다 보니 많은 양의 산소가 필요치 않습니다. 정말 깔딱깔딱 최소한의 호흡으로도 몸과 의식은 평화롭다는 것입니다.

그리고 하나 더 소개하자면 여러분들이 이미 공부하신 천상의 음 일곱 개와 옴·아·흠 만트라입니다. 세상에는 수많은 종류의 만트라가 있습니다. 그런데 이 천상의 음의 탁월한 점은 인간이 가장 평화로움을 주는 주파수 대역에 들어가며, 일곱 개의 에너지 신경과 연기하며 우주 자연과 인간의 '연기적인 진동'으로 만들어졌기에 아주 탁월하다고 하는 것입니다.

우리가 이 깊은 선정과 묵상을 한번 깊게 사유하여 보면 공감하실 수 있습니다. 물론 아직 경험하지 않았지만 들으면서 이해를 하시고 다음에 그것을 내 몸에서 공감하시면 그것은 확실한 경험을 하시기에 부동의 마음이 되는 것입니다.

＊ 자아 다음을 한 번 사유하여 보세요.
– 엄마들이 아이를 낳을 때 온몸이 다 이완이 되어야 아이를 낳습니다.
– 꽃망울이 열리려면 아주 따뜻한 햇볕이 필요합니다.

여기에서 우리가 하나 낚아채야 하는 것은 우주 자연이 진동과 이완이라는 하나의 키워드를 알아야 합니다. 다시 처음으로 돌아가서 깊은 삼매와 묵상으로 들어가는 것 역시 인간의 몸과 의식으로 가장 성스럽고 깊은 초월의 경험이기에 '따뜻한 이완이 필요하다는 것'을 조금 느낌이 오실 것입니다.

그러하기에 에너지의 도움을 받으면 우리는 깊은 선정과 묵상으로 들어가는 하나의 조건이 만들어진다는 것을 이해가 되셨으리라 믿습니다. 조건이 만들어지면 결과는 자연스럽게 드러나게 되어있습니다.

✴ 이치로 관념으로 깨달음(본성과 성령)을 체험하기는 쉬워도 그것이 우리 몸에 익숙하여 져서 나오려면 번뇌와 망상이 줄어들어야 합니다.

5.   깊은 선정과 묵상으로 들어가지 못하는 이유는 무엇인가?

횡격막 신경이 이완되지 않고도 깊은 명상으로 들어갈 수 있습니다. 다만 천상의 음과 횡격막의 신경이 이완되었을 때 차이점은 무엇인가 하면은 무의식이 정화되어 제8 아뢰야식의 미세 망념과 훈습을 줄일 수 있다고 저는 생각을 합니다. 또한, 일곱 개의 에너지 신경이 회복되어 깊은 선정을 자유롭게 체험할 수가 있으며, 우주 자연과 깊은 영성을 교감할 수가 있습니다.

선불교에서는 미세 망념까지 없애는 것이 '확철대오'입니다. 이것이 되려면 천상의 음 만트라는 꼭 필요한 것이고, 어느 정도까지는 횡격막 신경이 이완되지 않아도 가능하다고 봅니다.

횡격막 신경을 이완하게 만드는 비결은 교차 호흡과 천상의 음 그리고 준장이라고 코로나 19에서 벗어나는 처방전 책에서 밝혔습니다. 교차 호흡과 천상의 음은 너무도 궁합이 잘 맞습니다. 여기에다 준장이라는 운동을 통하여 에너지 축기를 하여 주면 횡격막 신경을 이완할 수가 있습니다.

하나 더 말씀을 드리면 꾸준하게 수련을 이어가지 못하는 것이 원인이 됩니다. 왜냐하면, 호흡신경과 근육들이 이완되려고 할 때쯤 다시 수련을 이어가지 못하고 불규칙한 생활이 다시 몸과 의식을 경직하게 되다 보니 수련이 길어지는 것입니다.

6. 무의식이 정화되어야 깊은 선정과 묵상으로 들어갈 수 있습니다

인간의 뇌는 이미 논리와 이념이 들어가서 좀처럼 변할 수가 없습니다. 뇌 속에 있는 온갖 욕망 중에 흘러가지 못하는 부정적인 훈습들은 지금 우리의 잠재의식에서 늘 준비하고 있습니다. 그것은 대부분 이타적인 마음보다 이기적인 생각의 염체들입니다. 그렇기에 이 무의식의 곳간(예를 들면)에서는 사랑과 자비의 마음으로 초기화되어야 어떤 조건에서도 바로 이타적인 사랑의 마음이 무조건 나올 수 있어야 합니다.

그렇게 하기 위해선 지금의 무의식이자 잠재의식이 정화되어야 합니다. 습관을 들이며 사랑과 자비의 마음으로도 얼마든지 무의식이 변하는 것을 개인적으로 확인하였습니다. 그러나 그것은 그만큼 본인의 노력과 의지, 오랜 시간이 필요합니다. 지금 이 만트라 명상은 우주 자연의 원리를 이용하기에 더 효과적이며 인체의 근원(세포)을 건드립니다. 그렇기에 더욱 심오한 것입니다.

우리는 지금 현재 의식으로 살아가지만, 그것의 밑바탕에는 무의식에 입력된 정보가 있습니다. 무의식은 우리의 의식 중 90%가 넘는 비율을 차지합니다. 다만 우리가 그것을 인식하지 못하다가 어떤 조건에서 과거의 훈습 된 습관이 나도 모르게 나오는 것입니다. 그러니 평상시 우리의 현재 의식에 사랑과 자비의 인을 심어야 합니다. 그러면 무의식에는 어떤 조건에서도 맑고 밝은 긍정의 마음이 나오게 되어있습니다.

우주 자연에 존재하는 모든 원자는 다 진동으로 움직입니다. 그 진동은 파동을 일으키고, 파동의 영향으로 우리의 몸과 의식은 주파수와 공명하면서 움직입니다.

인간은 산소를 마셔야 살 수 있습니다. 이처럼 우리의 몸과 의식은 진동의 파동으로 세포를 더 활발한 조건을 만들어 줍니다. 뇌세포에 이미 입력된 정보, 즉 진리의 측면에서 보면 부정적인 카르마를 좀 더 이 타의 순수한 의식으로, 거친 마음을 차분한 마음으로 우리의 본마음으로 교정하여 주는 것입니다. 좀 더 긍정적이고 선한 마음 밝은 생각이 나온다는 것입니다.

위의 설명에서 이치로 조금 이해가 가지 않더라도 백문이 불여일견이라고, 직접 일곱 개의 만트라를 염송하여 보면 제가 미처 설명하지 못하고 또한 찾아내지 못한 것을 더 발전하고 연구하여 우리의 삶에 적용할 수가 있을 것입니다. 그런 방법이 지금은 어려워도 시간이 지나면 인간은 점차 물질의 풍요에서 환멸을 느끼는 때가 올 것입니다.

인간이 더 영적으로 깊어지면 지금의 이런 방법을 고수하지 않을 것입니다. 우리는 그 과도기에 살다가 가는 사람이기에 누군가는 이런 공부의 길에서 작은 지침이라도 만들어야 한다고 생각을 합니다. 이는 후학들이 배우고 공부할 수 있는 길을 만들어 주어야 할 지구촌의 공동 책임입니다. 우리 역시 역대 조상님들의 공으로 이렇게 잘 살 수 있었기에 후손들을 위하여 바른 삶을 살 수 있는 길을 안내해야 합니다.

7. 횡격막 신경이 이완되면 일초직입 여례지로 곧장 들어간다

명상의 단계 1 선정에서 마지막 부처의 경지까지 닦아가는 순서는 몸 수련을 하지 않고 의식만을 수련할 때 필요한 이야기입니다.

그렇다고 이것을 무시할 것이 아니라 선정의 단계를 초집중으로 수련하다 보면 10~20분 만에도 바로 깊은 삼매로 들어갈 때가 있습니다. 물론 이렇게 되기까지는 오랜 시간의 담금질과 수련의 방법이 우주 자연과 인간의 본질의 핵을 움직이는 이치와 원리가 내포되어 있어야 가능한 이야기입니다.

예전에 선사들은 선정에 들어 일주일을 눈을 맞으면서 마루에 앉아 있었다는 이야기를 들을 때가 있습니다. 그런데 이것을 바르게 경험한 사람이라면 오래 앉아 있다는 것은 아직 본인이 선정에 들어가지 못하여 계속하여 여행하는 중이라고 저는 표현을 드리고 싶습니다. 반면에 짧은 시간이라도 궁극의 공성과 성령을 체험하고 더 이상의 깨달음이라는 것은 없다는 이 무소득고를 똑똑하게 느끼면 되는 것입니다.

자, 그러면 왜 이런 말들이 성행하고 우리는 마치 그것이 대단히 도가 깊고 높다고 생각을 할 수도 있습니다. 좀 더 본질적인 입장에서 제가 한 이야기를 본인이 경험하였다면 공감하실 수 있다고 저는 생각을 합니다.

본인이 계속하여 선정과 묵상에 들어 좀 더 영성을 계발하고 인간 세계 근본을 더 밝히고자 하는 큰 원력이 있는 분은 예외일 수가 있습니다. 그렇지 않고 보통의 사람들이라도 일상에서 저의 책을 통하여 발 보리심을 일으킨다면 누구나 다 일초직입 여례의 경지에 오를 수가 있다는 것을 분명히 밝힙니다. 이런 깊은 선정과 묵상을 체험하면 우리가 배우는 진리는 그냥 알려고 하지 않아도 스스로 터득되어 영성의 깊이가 깊어지는 것입니다. 이론으로 배운 것을 선정과 묵상을 통하여 스스로 증명을 할 때 인간의 영성은 변화가 오는 것입니다. 그만큼 횡격막 신경이 이완되어야 깊은 선정과 묵상에 이를 수가 있음을 밝힙니다.

8. 이제 저 하늘에 꽂은 태극기를 흔들 방법을 공개합니다 (대주 스님과 성철 스님의 말씀)

한동안 우리는 한 스승님의 말씀에 헤어나지 못하고 그것에 대하여 시원한 죽비를 치지 못하였습니다. 저 역시 십 대 후반에 시작된 공부의 여정에서 인간이 어떻게 한 생각도 일어나지 않고 미세한 망상까지 나오지 않게 할 수가 있냐고 그것에 대한 말에 너무도 상실감을 느낀 적이 있었습니다. 오랜 시간이 흘러도 누구 하나 그것에 대한 명쾌하고도 이 치적이며 또한 누구나 성취할 방법을 제시하지 못하고 있습니다.

그리고 그 말씀에 대한 후폭풍으로 한국의 선불교는 발전보다 오히려 퇴보하고 눈 밝은 납자는 나오지 않고 그렇게 지속되는 현시점이 너무도 안타까워 한 말씀을 나누어 보겠습니다.

이것은 승속을 떠나 진리를 공부하는 지구촌의 한사람으로 거시적인 안목으로 봐 주시기를 부탁드립니다. 무엇이 옳고 그름을 이야기하는 것보다 우리의 부족함이 있다면 그것을 개선하여 더욱 영성 수련을 하실 분이 밝은 지혜를 얻어 우리 사회와 지구촌을 이롭게 하여야 한다는 큰 틀에서 저의 이야기를 간략하게 전합니다.

일찍이 숭산스님께서 하신 '모를 뿐' 수행은 선불교의 진수를 보여주는 수련법입니다. 이 간단하고 완벽한 수련법으로 지구촌의 스승님이 되셨듯이 모른다고 할 때 우리의 에고는 '무'이기에 거기에는 일체의 그림자(분별 작용이)가 따르지 않습니다.

우리의 뇌는 모른다고 할 때 논리 회로, 즉 좋고 나쁨이 멈춘다는 것입니다. 이 수련법이 다시 우리 선불교의 발전을 가져와야 하며, 이것으로 지구촌을 행복하게 할 수 있는 장점이 있습니다. 이것을 바탕으로 몸 수련을 하여 횡격막 신경이 이완되고 발 보리심이 간절하면 깊은 선정과 묵상을 통하여 번뇌와 망상이 없는 경지를 직접 체험할 수가 있습니다.

다시 더 집중 수련을 통하여 정말 제8 아뢰야식의 미세 망념까지 나오지 않는 경지에 다다를 수가 있습니다. '여기에서 우리가 알아야 할 핵심은 이것입니다.' 한 생각을 일으키는 화두는 의식에 집중은 되게 하지만 그것마저 제8 아뢰야식의 미세 망념을 만드는 조건이 된다는 것입니다. 그런데 이 번뇌 망상과 미세한 망상까지 제거하는 방법과 이치를 공부하여야만 완전히 제거할 수가 있는 것입니다.

얼마 전에 과학자들이 이런 실험을 하였습니다. 젊은 대학생들을 대상으로 30분 동안 인간이 무슨 생각을 하는지에 대한 결론은 이렇게 나왔습니다. 인간이 망상을 일으키는 것은 당연하다고 말입니다. 이것은 과학자다운 말입니다. 저가 펜데믹 때 이것이 코로나 19에서 벗어나는 처방전이라는 책에서 누차 말씀을 드렸지만, 과학자분들은 이치는 밝으나 영성 수련을 하지 않고 또한 자연의 순환법칙을 내 몸에서 증명하지 못하기에 이런 영성 수련에 대한 말씀은 그렇게 신뢰할 수가 없습니다. 다만 스스로 수련을 통하여 이것을 입증할 수가 있다는 말씀을 저는 드립니다.

어쩌면 이런 이야기는 정말 지구촌의 의식혁명을 바꾸는 아주 귀중한 말이기도 합니다. 그 누구도 말하지 않기 때문이지요. 자아, 이제는 어깨를 펴고 저 푸른 하늘에 역대의 선각자분들이 꽂아놓은 태극기를 가서 흔들 때가 되었습니다. 그리고 그것을 누구나 다 발 보리심을 크게 발한다면 언제든지 태극기를 흔들 수 있는 사람이 된다는 점 그동안 수행의 지혜로 분명하게 밝힙니다.

9. 일상에서 사유와 수련하는 방법

✳ 횡격막 신경을 이완하는 프로그램
- 음양오행과 연기 공성(본성)을 깊게 사유한다(연기적 관계).
- 발 보리심과 보리심의 지혜를 몽중 일 여가 되도록 반복문사수 한다.
- 탐진치 삼독을 조복받는다.
- 호흡수련으로 안심을 찾아 집중력을 강화한다.
- 다음 몸 수행을 수련한다.
  (이것이 코로나 19에서 벗어나는 처방전입니다. 책에 상세하게 설명 참조 바랍니다.)
  1) 교차 호흡을 수련한다(요가, 밀교 호흡)
  2) 일곱 개의 천상의 음과 옴 아 훔 만트라 명상을 수련한다
     (유튜브: 지구촌 보리심 인문대학에서 다운로드하세요.)
  3) 일곱 개의 차크라 열기를 수련한다

4) 묘 유 수련을 한다

　(들숨을 등으로 날숨을 가슴으로 하는 항아리 호흡을 말함)

– 일상에서는 오직 모를 뿐 수행으로 집중한다.

5) 우주 자연의 모든 원자는 진동한다는 것을 몸과 의식에서 수련으로
　확인하여 대자연에서 검증한다(매우 중요한 내용임)

6) 결과보좌로 앉는 연습을 익힌다(최소한 2시간 이상)

7) 몸과 의식을 늘 이완한다(허리에 베게 굄)

8) 몸과 의식을 천상의 음으로 무의식(잠재의식)을 정화한다

9) 에너지 축기를 위하여 준장을 한다

❖ 덧붙임: 옴과 훔의 소리는 우리 몸을 최단 시간에 전신의 세포를 진동시킨다.

☀ 천상의 음이란: 인간의 오욕(재물욕, 명예욕, 식욕, 색욕, 수면욕), 칠정 (희, 노, 애, 락, 애, 오, 욕)을 떠난 우주 자연 생명의 실상 소리로 우주 자연의 진동 원리와 인간의 생명체의 핵인 세포가 연기적으로 연결되어 우리의 마음을 평화롭게 하는 일곱 개의 만트라를 말한다.

☀ 옴과 훔에 대하여 사유하기: 옴은 우주 대생명의 탄생 소리이며, 시원 근원의 소리입니다. 또한, 우주 자연이 진동한다는 것을 응축한 소리이며, 이 소리에는 엄청난 우주의 질량의 에너지가 내포되어 있습니다. 이로 인해 파동의 공명 현상이 커지고 인간의 의식은 태초의 순수의식으로 각성합니다.

✳ 정신을 집중하는 수련 방법

- 이구 원통 수련: 귀로는 만트라 소리를 듣고, 입으로는 정확하게 발음
  하며, 눈은 감고, 의념은 소리에 집중한다(듣는 자와
  말하는 자의 근원 성품을 알아차린다).

- 눈으로 사물을 보지 않고, 귀로는 소리를 듣지 아니하며, 일심으
  로 내면을 관한다.

- 옴아훔 스캔 명상: 삼자 움으로 일곱 개의 차크라를 번갈아 가며 몸과
  의식을 알아차리게 하는 힘이 강화됩니다.

- 들숨과 날숨을 관찰한다(시작 중간 끝을 알아차림).

- 능 엄주를 빠르게 외우면 집중력이 강화됨(처음부터 끝까지 외우는데
  미세 망념이 나오지 않아야 함).

- 수련하는 방을 햇빛이 들어오지 않게 암막 커튼을 치면 집중이
  탁월함.

- 집에서 방안에다 텐트를 치고 무문관 수련을 하시면 밖으로 나
  가려는 마음과 내면을 보는 힘이 강화됩니다.

- 숫자를 1,000에서 거꾸로 1까지 셉니다. 이것은 치매 예방에도
  도움이 됨.

- 의념은 단전에 둔다.

✳ 이 수련을 하면서 나오는 번뇌와 망상은 오로지 모른다 하시면 됩니다.
모든 것은 나왔다가 사라집니다. 마치 밀물이 일어났다. 썰물에 밀
려가듯이 다만 모르겠다 하시면 거기에는 상을 남기지 않습니다.
그 존재감을 보는 힘을 키웁니다.

10. 깊은 선정과 묵상의 근처에서 빙빙 돌 때
(근접명상 중) 해결 방법

사실 횡격막 신경이 이완되어도 하루에 네 번의 수련이 다 진입하는(삼매) 것은 아닙니다. 또한, 수련을 게을리하다 보면 이것 역시 근처에도 못 가는 경우가 허다합니다. 그만큼 깊은 선정과 깊은 묵상으로 들어가는 과정은 그때그때 몸과 의식의 상태에 따라서 다르다는 것은 오랜 경험을 토대로 알 수가 있었습니다. 저의 경험을 말씀을 드리면 횡격막이 처음으로 이완되었을 때의 명상은 온종일 한 달 내내 좌복에 앉기만 하면 순일하게 진입이 되었습니다(한동안 열반의 맛에 취해 일어나고 싶지가 않았음). 2018년 11월 그로부터 시간이 흐를수록 수련을 게을리하고 몸과 의식을 가다듬지 못한 것에 대하여 경험을 말씀을 드리겠습니다.

처음부터 다시 시작하는 것입니다. 내가 횡격막 신경이 이완되었다는 생각을 내려놓고 일단 좌복에 하루 15시간 정도 결과보좌로 앉는 연습을 통하여 몸을 조복 받습니다. 틈나는 대로 질 좋은 보이차를 따뜻한 구들방에서 한두 시간 마시면 모세혈관이 이완되기 시작합니다. 교차 호흡을 하루에 네 번 정도 나누어서 최소한 4시간 정도 하여 주면 호흡 신경에 낀 군더더기가 벗겨지는 느낌을 받습니다(이완됨).

여기에다 옴 아 훔 스캔 명상과 천상의 음 만트라를 하루에 4시간 정도 하면서 명상과 묵상을 해 봅니다. 그렇게 하여도 몸과 의식이 순일하지 못하고 망상이 나오면 3일 단식을 시도하세요. 몸속의 노폐물이 빠지는 게 최소한 3일의 시간이 필요합니다. 단식 중에는 물만 드시고 단식 중에도 여전히 하루에 최소한 네 번의 수련 시간을 갖습니다.

좌복에 앉습니다. 앉기 전에 마음이 안심되었는지 지켜봅니다. 일체의 구하려는 마음이 없이 강물이 되어 흘러간다는 평온한 마음을 갖는 게 도움이 됩니다. 우리가 원력과 일상의 마음가짐을 잘 분간할 수가 있어야 합니다. 때론 과도한 원력이 오히려 퇴보될 수가 있다는 것도 알아야 합니다. 마음을 허공같이 맑게 하여야 허공의 소리를 듣고 끝내 허공과 같이 되는 것이기에 그것에 대한 바른 분별을 가지는 게 중요합니다.

이제 마지막으로 관장을 하시면 그동안 위와 장의 숙변을 배출하고 따뜻한 꿀물 한잔을 가볍게 드시고 나서 수련을 시작합니다. 이때 평소보다 헐렁한 옷을 상반신에 하나 더 걸치는 게 도움이 됩니다. 그것은 수련을 통하여 단전에 축기가 되면 단전에 축구공 같은 강한 축기를 느낍니다. 외부의 체온이 더 따뜻하면 우리의 몸은 더 이완이 지속하기에 도움이 됩니다. 호흡이 간결하여 의식을 장악하는 힘이 탁월하고 몸과 의식이 한결 가벼워 짐을 스스로 알 수가 있습니다.

깊은 명상과 묵상의 진입이 좀 늦더라도 몸이 허락한다면 좀 오래 앉아 있다 보면 어느 순간에 초월의 단계로 진입할 수가 있습니다. 이런 방법을 통하여 깊은 명상과 묵상에 진입하지 못하는 방법을 해결할 수가 있습니다.

❖ 팁은 몸과 의식을 허공같이 맑게 하는 것입니다.

11. 호흡이 깊어지면 망상이 나오지 않습니다

만트라 명상을 한두 시간 마치고 명상이나 묵상으로 진입할 때가 매우 중요합니다. 만트라 명상을 할 때는 호흡이 길고 좀 거친 호흡을 명상으로 진입하면서 순간적으로 점차 평온하게 다스리는 비결이 중요합니다.

✳ 호흡 다스리기

만트라 명상이 끝나고 본격적인 명상이나 묵상에 들어가려면 거친 호흡에서 평온한 호흡으로 이어지려면 아주 집중하여 다스려야 합니다. 긴 들숨과 날숨을 처음에는 반복하면서 내 몸에 호흡을 안주하게 합니다. 즉, 만트라 명상에서 들숨과 날숨으로 '배를 갈아탄다고 생각'하시고 점차 들숨과 날숨의 속도를 줄입니다.

✳ 호흡에 의식을 담기

점차 들숨과 날숨의 속도를 줄이면서 의식을 들숨의 시작과 끝을 알아차리면서 합니다.

✳ 호흡과 하나 되기

들숨의 시작점과 날숨의 끝을 주시하는 힘을 기릅니다. 점차 익숙해지면 들숨과 날숨의 중간지점에서 살짝 멈추는 지점을 알아차림을 합니다.

이 세 가지 동작을 콧속의 털이 움직이지 않게 호흡 전체를 알아차리면 합니다. 그 존재감을 확장시킵니다.

✴ 호흡을 처음에는 콧등에 집중하다 몸과 의식이 좀 이완되면 단전으로 이동합니다.

처음에는 호흡을 콧등에다 집중하는 이유는 만트라 명상을 하면서 거칠고 긴 호흡을 만트라 명상이 끝이 나면서 번뇌 망상이 나오지 못하게 의식을 코에다(들숨과 날숨의 시작점이기 때문) 집중하는 것입니다.

점차 몸과 의식이 이완되면 단전에다 두는 이유는 곧 깊은 선정과 묵상으로 들어가서는 의식이 저 높은 하늘에서 내려다보는 느낌이기에 코에다 두면 선명하게 보이는 부분이 약하기에 단전에 두면 주시하는 느낌이 좋은데 사람의 선호도에 따라 다를 수가 있습니다. 이것은 본인이 편한 대로 하시고, 참고만 하시면 되겠습니다.

✴ 호흡의 느낌을 알아차림

호흡의 느낌을 알아차립니다. 지금 내가 숨 쉬고 있는 호흡이 뜨거운지 시원한지 편안하게 호흡의 느낌에 집중합니다. (느낌은 오온입니다. 즉 에고의 도움으로 본성과 성령을 알아차림 함)

✴ 호흡을 놓치면 삼천 방이다.

호흡을 놓치면 망상이 나오게 됩니다. 호흡을 놓쳤을 때는 들숨을 깊게 들이마시면서 다시 호흡을 알아차림하고 조금 전의 호흡의 메커니즘의 균형을 찾아갑니다.

✴ 호흡을 항아리 호흡으로

몸과 의식이 점차 이완되어 가면 호흡은 점차 느려지고 또한 호흡의 깊이도 가늘고 세밀하며 짧습니다. 이때 굳이 단전까지 호흡을 밀지 말고 들숨을 등으로 보내고 날숨을 가슴으로 앞뒤로 호흡합니다. 깊은 선정과 묵상으로 진입 시는 최대한 몸과 의식의 운동 거리가 단축되는 것이 좋습니다. 그렇고 앞뒤로 등과 가슴이 살짝살짝 움직이는 느낌에 집중력이 탁월합니다.

✳ 저 언덕 위에서 고향 마음을 내려다보는 심정으로
이제 호흡수도 줄어들고 맥박수도 작아지면서 거의 숨이 멈추어 있는 상태까지 도달하였습니다. 곧 깊은 선정과 묵상으로 진입하게 될 텐데, 의식은 저 언덕 위에서 곧 고향(본성, 성령)을 만나게 될 텐데 느긋한 마음으로 주시하는 상태로 들어갑니다.

12. 더 깊은 피부호흡으로 들어가라

깊은 선정과 묵상으로 진입이 수월하지 않으면 다른 방법으로 시도합니다. 지금까지는 코로 숨을 쉬었지만, 아기 때 숨 쉬던 태식 호흡인 백회로 들숨을 시작한다는 의념을 두고 상반신 몸 전체 들숨을 호흡합니다. 날숨을 온몸 전체의 피부로 내뱉고를 반복하면 의식의 이완에 변화가 옵니다.

피부호흡의 장점은 우주의식과 하나 되는 것이 빠릅니다. 단 이것 역시 몸과 의식의 균형이 균형을 맞출 때 그 장점이 나올 수가 있습니다. 피부호흡으로도 깊은 선정과 묵상이 안 될 때는 다시 지금 내 호흡이 어느 상태인지를 정확하게 인식을 하여야 합니다.

호흡과 몸의 균형이 균형을 맞추지 못한 부분(선정의 요소와 장애의 요소)이 우리 몸 어디에 지금 존재하기에 지금의 의식을 알아차림하고 오늘의 명상은 나오는 것이 좋습니다. 왜냐하면, 바라는 마음이 생길 수가 있기 때문입니다. 다시 처음으로 돌아가 늘 평정심을 가지는 습관을 지녀야 합니다.

13. 백회와 미간에서 방광이 일어난다

백회와 미간 등줄기에서 방광이 발생하는 느낌을 받습니다. 온몸이 짜릿짜릿하며 따끔따끔하는 전자의 이동이 이루어짐을 알 수 있습니다. 이미 과학자들은 우리 몸의 세포에 빛을 내는 광자가 존재한다는 이야기를 합니다. 우리 몸의 세포와 기맥의 혈 자리는 다 고유의 파동의 주파수에 이미 세팅되어 있고, 저마다의 빛깔과 연기하며 색깔을 나타내고 있습니다.

그리하여 우리 몸은 일곱 가지 빛의 색깔(무지개 몸)을 내고 우리는 빛에서 와서 빛으로 돌아갑니다. 빛은 세포가 어느 한계점을 넘어서서 변성하여 내는 하나의 현상입니다.

14. 늘 영성 수행자는 마음의 평정심을 잃지 말아야 합니다

나에게 좋은 사람, 나에게 불편한 사람, 좋지도 나쁘지도 않은 사람의 마음의 평정심을 늘 점검을 하여야 삶과 수행에서 치우치지 않습니다. 수련은 잘 될 때도 있고 안 될 때도 있습니다. 평생을 수련하여도 깊은 선정과 묵상으로 들어가지도 못하는 분들도 많습니다(한 생각도 일어나지 않는 의식의 선정과 묵상).

이 특별한 과정을 그리 가볍게 생각하여서는 쉽게 포기할 수가 있기에 이것은 평생에 한 번만 깊게 경험하면 되는 것입니다. 그러하니 다시 마음을 가다듬고 스스로 무르익을 때를 기다리셔야 합니다.

  ☀ 꾸준하게 하다 보면 나도 모르게 조건은 만들어지고 있다는 것을
     잊지 마세요.

15. 에고의 출현으로 삼매를 망치다

그토록 갈망하던 깊은 선정과 묵상이 현전하였는데 그만 그 밝은 본성의 광명에 에고가 나올 때가 있습니다. 누구든지 그 상황을 마주하면 취하고 싶은 본연의 의식 발동이 나옵니다.

이것 역시 아직 무의식에 '나란 상이' 현존하고 있다는 증거이기에 또다시 발 보리심과 보리심의 지혜로, 그리고 천상의 음을 문사수를 통하여 미세한 나의 망심의 뿌리를 완전히 제거하여 나의 의식에 온통 우리 사회와 지구촌의 가족들을 행복하게 하겠다는 '이타의 마음으로' 몸과 의식을 초기화하는 시간을 갖습니다.

이렇게 하다 보면 깊은 선정과 묵상에 들어가서도 일체의 의식에 취하는 마음이 없고 우리 몸을 에너지의 도움으로 들락날락 자유자재한 시간이 올 것입니다.

  ☀ 이럴 때 관자재보살의 의미가 깊어질 것입니다.

16. 한 생각도 일어나지 않는다

호흡이 끊어질 듯 가늘게 이어지면서 의식에는 한 생각도 일어나지 않습니다. 이 과정은 처음 만트라 명상으로 진입하면서 시작됩니다. 한두 시간이 흘러도 일어나고 사라짐만 존재하지 한 생각의 번뇌와 망상은 존재하지 않고 그저 지켜보는 참 본성과 성령의 의식만 존재합니다.

에고는 사라진 지 오래고 입안에는 가득한 생명수가 흘러나와 몸과 의식을 평화롭게 이어가게 합니다. 본성과 성령은 분별로는 다다를 수 없고 모름의 극치에서 만날 수 있습니다.

　✳ 만트라 명상을 하지 않고도 한 생각이 일어나지 않는 경지까지는 일상에서 자주 접할 수가 없습니다. 그만큼 경험에 의하면 깊은 선정은 몸과 의식의 이완이 키워드입니다.

17. 2018년에 난생처음 깊은 삼매 체험을 한 내용입니다

깊은 삼매를 체험하고 느낀 것이 있습니다. 결국, 우리가 어떠한 곳에 집중하여 일념이 되어 체험하는 그 정신적 느낌은 태초의 텅 빈 무한한 우주의 절대 계의 무 극(공성)의 평온한 우주의식과 하나 되는 것입니다.

이것으로 유추하여 보면 우리가 종교든 일상의 삶이든 그 일심의 세계를 체험하는 것은 우주의 근원적 시원으로 그동안 오염된 몸과 마음을 정화하여 우주 실상(본성과 성령)의 자리를 자각하는 것입니다.

만트라 명상을 한 시간 정도 하면 호흡 신경은 정말 새털처럼 가볍고 온몸은 극도로 이완되고 가슴에는 따뜻한 기운이, 등 쪽에는 보름달이 뜬 것처럼 온기가 느껴지니 일단 육신 중 상반신의 무게를 느끼지 못합니다.

호흡은 가늘어지고, 세밀해지며, 거의 무호흡 상태가 되며, 몸은 다 이완이 되어 많은 양의 산소가 필요하지 않아 피부호흡만으로도 가능합니다. 숨이 들어가도 몸을 느낄 수 없고, 호흡을 토해내도 일체 의식의 흔들림이 일어나지 않습니다.

호흡은 가늘고 얇고 섬세하며, 횡격막을 들어 올리되 느끼지 못할 정도로 미세하며, 호흡이 들어가되 일체가 동하지 않고, 호흡이 나아가도 몸은 더 구하지 않습니다. '나는 있지만 구함 없는 나가 있고' 너 (몸) 역시 있되 어느 것 하나 구함이 없습니다. '나와' '너가' 사라지니 오직 맑고 밝고 또렷하게 빛나는 각성의 의식만 있습니다.

몸은 더 이완되고 천지의 감로수(단침)가 입안에 가득해지니 두상 백회 좌우로 빛나는 것(오라)이 나가는 느낌이며, 가슴과 등 쪽에서 방광하는 느낌을 알아차립니다.

앉은 좌복은 봄의 햇빛처럼 따뜻하게 느껴지고 발끝에서 머리까지 명료한 각성으로 시공간을 잊게 합니다. 집중이 최고조로 이어지고, 태초의 절대 무 극(공성)의 공명 진동 소리가 가슴에 울려 퍼집니다. 시작 없는 시작의 소리, '아리랑 아리랑에 깨어난다.'

18. 2022년 10월 15일 수능엄삼매에 들어 깨달음을 노래하다

2022년 9월 15일 우리 사회와 지구촌이 돌아가는 현실에 좀 더 궁극의 지혜를 찾아야 한다는 한 생각이 가을 하늘에 울려 퍼졌습니다.

일상의 모든 생활을 정지하고 깊은 삼매에 들어 지혜를 밝혀야 한다는 대 원력으로 일찌감치 동안거에 들어갔습니다. 굳은 몸과 의식을 밤낮으로 간절하게 수련하며 몸과 의식을 이완시켜 나갔습니다.

한동안 수련을 게을리하여서 그런지 깊은 선정의 진입이 어려웠고, 그러던 중 삼일 단식을 마치고 티 하나 없는 가을 하늘이 펼쳐지는 날 우주 자연의 성은을 받아 청명한 가을 하늘과 만산홍엽이 그대로 하나인 일미의 한 맛인 일미 차를 마시게 되었습니다.

높고 높은 가을 하늘에 구름 한 점 없는 본래의 텅 빈 그 자리가 어찌나 가을 하늘과 이렇게 같음을 의식으로 깊게 체험을 하였습니다.

✳ 여기에서 허공은 텅 빈 공성이며, 알아차림을 하는 의식을 말합니다.

저 허공은 하나이며, 허공에는 오염이 없구나.

누가 허공을 둘로 나눌 수 있으며, 허공에는 시비분별이 없네.

허공은 본래 밝고 밝아 우주 삼라만상을 다 비추고

또한, 모든 것이 다 이 허공에서 나왔다네.

그러나 허공은 취사 심이 없기에 부증 불감이며

나고 죽음이 없는 불생불멸이다.

중생이 공과 색을 구별하지만,

허공은 늘 열반이며 완전하며 완벽하다.

흰 구름이 잠시 나 투나 허공은 가려지는 것이 아니며,

만물은 이 텅 빈 공성에 나왔다가 다시 공으로 들어간다.

고로 우주만 유의 근본은 '텅 빈 알아차림만 있을 뿐이다.'

19. 우주 자연과 합일된 불로장생 수 일미 차를 공양하다

천상의 음의 도움으로 환골탈태하니

들숨은 생명이요 날숨은 이완이다.

숨결이 고르니 산천초목과 동행하고,

에고가 없으니 맑은 알아차림이 부활하고,

그 맑은 알아차림이 본디 주인이었구나.

그 텅 빈 공성과 하나 되니 이렇게 걸림 없어라.

저 광활한 대 우주 공간에 흰 구름 올라타고

달나라(본성과 성령)를 여행한다.

공의 참맛을 증 하고 싶은가?

그러려면 무조건 모른다 하시라!

특별한 조건이 있는 것이 아닌

우주 자연의 실상을 주체적으로 알려면

'모른다'가 하나의 팁이다.

나와 네가 분리되지 않은 하나의

알아차림의 각성에 계합하여

나지도 죽지도 않는 장생의

불로초를 마신다. (몸과 의식의 이완에서 나오는 단침)

먹어도 먹어도 배부르지 않고

먹어도 먹어도 줄지 않는

이 우주 자연의 본 법성과 아미타(무량광불)에서

나오는 일미 차(개체에서 전체의 합일)를 마신다.

일미 차의 맛은 무색무취며 따르는 자가 본래 없어라!

다만 알아차림의 텅 빈 이름 붙일 수 없는 이름만 있더라.

20. 깊은 삼매 (수능엄삼매) 에서 느끼는 의식이란?

호흡이 뚝 끊어지자마자 뇌에서는 아주 색다른 현상이 발생합니다. 지금까지 관찰하던 의식이 훤히 밝고 투명하고 또랑또랑한 알아차림이 현현합니다.

1) 절대 계와 상대 계는 통으로 하나였다.

2) 한 생각이 없으니 늘 공(열반)의 상태였다.

3) 텅 빈 공성이 우주 자연의 본 성품이다.

4) 시작도 없는 시간 헤아릴 수 없는 무한대의 시작 없는 시간을 체험한다.

5) 에고가 없는 공의 세계는 텅 빈 그 자체였다.

6) 공의 세계는 텅 빈 것 같지만, 근원에서 보면 또 다른 원자들의 진동과 파동으로 변화되고 있기에 가득해지고 있었다.

7) 공을 체험하면 모든 분별은 사라진다.

8) 무수한 시간의 윤회 고리는 공을 체험하는 순간 사라진다.

9) 일체의 시비분별을 떠난 자리이다.

10) 에고는 이 공의 상태를 움직이지 못하였다. 그러나 현상세계는 오온의 나툼에 끌려가고 있었다.

11) 알아차림과 에고는 같이 존재하나 알아차림이 에고를 사라지게 하였다.

12) 텅 빈 알아차림이 공성이고 성령이었다.

13) 텅 빈 공성은 시공을 초월하였기에 선과 악이 없고 어느 것에도 물들지 않았다. 무시 이래로 있었고 생긴 적이 없기에 죽은 일도 없다. 그래서 불생불멸이다.

14) 이곳에는 분별이 없기에 이름을 붙일 수가 없다.

15) 공성의 자리에는 안과 밖의 구분이 없다.

16) 이 텅 빈 공성과 성령이 본래 우리의 고향이다. 이 고향 맛을 보면 그 어느 것에도 물들지 않는다. 설사 물들었다는 것은 아침 햇살에 이슬과 같다.

21. 왜 불생불멸인가?

에고가 있으면 그림자가 따른다. 그런데 텅 빈 알아차림에는 주관과 객관이 분리되지 않아 그림자(번뇌 망상)가 존재하지 않는다. 텅 빈 알아차림의 순수의식은 무시 이래로 존재하고 또한 무시 이래로 이어진다. 우리가 인식하지 못하였지만 늘 그것은 이미 우리 안에 존재하고 있었다. 이 얼마나 놀라운 발견인가?

시공을 떠나서 존재하며 그 어느 것에도 물들지 않고 태어남이 없기에 죽음이 존재하지 않는 것이다. 한 생각이 일어나면 윤회가 있는 것이며 한 생각이 일어나지 않으면 그곳에는 그림자가 따르지 않는다. 즉, 오온이 존재하는 한 윤회는 있는 것이고 오온이 공함을 비추어 보아 공의 실체를 알아차리면 불생불멸이다.

> ✳ 깨달음은 본래 생기는 것이 아니 무로 생사를 넘어선 깨달음의 세계도 생기지 않는다. 또한, 깨달음은 본래 없어지는 것이 아니므로 생사를 넘어선 깨달음의 세계도 없어지지 않는다.

실상을 확인하고 다만 증하는 것뿐이다.

22. 도대체 우리가 얻어야 할 깨달음은 무엇인가?

반야심경은 수능엄삼매에 들어 텅 빈 공성을 체험한 아주 깊은 이야기입니다. 이것을 그대로 우리는 우리의 마음에 비쳐 보면 됩니다.

- 텅 빈 연기 공성(본성과 성령)을 체득하고
- 텅 빈 연기 공성 속에 육 바라밀이 존재함을 알고
- 본래 늘 알아차림만 존재하기에 이 무소득고를 체험하고
- 텅 빈 공을 하나의 우주의 생명으로 보면 우주 자연이 행하는 것은 사랑이고, 자비이며, 이것을 토대로 우주 자연이 보리심이고, 더 나아가서 보리심의 지혜로 회향하는 것입니다.
- 법도 버리고 머무는 바 없이 마음을 내고 살면 된다.
- ✳ 깨달은 사람이란 수행을 통하여 깨달은 사람을 말하며, 본래 생겨남이 없음을 깨닫는다.

이 무소득고를 확인한다.

23. 미세한 망상은 일상의 삶에서 보리심으로 회향하라!

미세한 망상과 습기까지 완전하게 제거하는 것은 인간이 육신을 가지고 있는 한 결코 쉬운 일이 아니다. 단 진리의 규범까지 실현되기에 더 이상을 갖추려고 하는 것은 욕심입니다.

공성을 바르게 체득하고 혹 미세한 망상과 습기는 나와도 공성을 확인한 본성을 변화시킬 수가 없기 때문이다. 그러하니 보리심과 육바라밀을 통하여 나머지 보림을 하는 것이 지혜로운 방법이다. 한동안 정적인 삶을 살았다면 이제는 동적인(이웃과 더불어) 삶으로 전환하여야 그 공성 체득의 공을 바르게 회향할 수가 있다고 생각합니다. 그렇게 행동으로 실천할 때 공성의 공덕이 빛날 수가 있습니다.

24. 수능엄삼매에 들어야 업이 정화된다

생각에 따라 만들어진 것은 언젠가는 변한다. 그러나 우리의 참본성과 성령을 회복하면 전에 와 다른 삶이 펼쳐진다. 이 완전무결한 공성을 깊숙하게 체득하는 것이 수능엄삼매이다.

– 삼매는 분별에서 무분별로 들어가는 것이다.
– 삼매에 드는 것은 조건은 어떠한 인위적인 조작으로 되는 것이 아님

- 복압이 낮아지고 들숨과 날숨이 스스로 조식이 되어야 한다.
- 오랜 수련에서 삶의 업이 정화되고, 몸과 의식이 이완되면 스스로 발현되는 것이다.
- 선정에서 깊은 삼매로 더 들어가야 한다.
- 삼매는 오온이 공한 상태에서 몸의 에너지 도움으로 텅 빈 공성의 순수의식을, 아주 선명한 알아차림으로 인식하고 삼매에서 나와도 명료하게 기억에 남는다.
- 사마타와 위빠싸나가 바탕이 되어 고도의 집중력과 정기 신의 조화로 발현되는 거룩한 의식과의 조우이다.
- 천지 공성의 연못에 풍덩 빠져 스스로 만들어내는 인체 천연의 효소 감로수를 먹어봐야 인간은 성숙할 수가 있다.
- 거친 것은 고요함에 녹아내린다. 마치 히말리아 설산이 따뜻한 훈풍에 젖어들 듯이 삶의 없이 스스로 설거지가 된다.

이처럼 관념으로 깨달아서는 조금 부족하다. 그것은 아직 인간이 체험하고 느껴보아야 할 '미증유'가 남아있기 때문이다. 이렇게 되면 번뇌와 망상은 아직 술술 나오는 단계이며, 미세 망념과 습기는 아직 근처에도 가보지 못하고 아직 해결할 숙제는 남아있다고 보아야 한다.

이것은 본인의 양심에 맡기지만 수능엄삼매에 들어보면 누가 거짓인지 분명하게 말할 수 있다. 그러나 주변은 고작 관념으로 견성한 것으로 도배하고 있으니 말하여 무엇하랴…. 깊은 선정으로 공을 체득하면 흔들림과 미혹이 남지 않으며 지혜와 육 바라밀을 더 증장하는 삶을 스스로 살게 되어있다.

그래서 청화스님께서는 수행자라면 수능엄삼매에 들어야 한다고 말씀을 하셨는데, 그것이 얼마나 중요한지를 경험하고 나니 과연 이 말은 들어본 사람 많이 공감할 수가 있다.

그만큼 공의 자리는 삶의 업을 정화하고 초기화하기에 어떤 군더더기의 설명이 사실 필요가 없다. 그만큼 공의 성품이 우주만 유의 실상의 근본 성품이기 때문이다.

25. 확 철 대오한 선사들의 경지는 어느 수준인가?

십지 보살이 제8 아뢰아식의 미세 망념까지 완전히 벗어난 구경각을 성취하면 이것이 견성이라고 대주 스님과 성철스님은 말씀하셨습니다. 선불교의 깨달음은 여타의 교단보다 최고로 높습니다. 마치 깨달음을 저 하늘의 별을 따는 경지에 비유하고 있습니다. 이러하니 웬만큼 공부하여 입도 열 수 없고 어떤 댓글도 달 수가 없는 경지입니다.

그런데 태극기를 처음에 너무도 높은 곳에다 꽂다 보니 후학들은 이럴 수도 없고 저럴 수도 없는 참 애매한 처지인데도 누구 하나 이것에 대하여 말씀을 하시지 않고 있습니다.

'그렇다면 대주 스님께서는 과연 이 경지에 도달하셨을까요? 저는 분명하게 그 의식을 체험하고 이것이야말로 더는 갈대가 없는 최고의 마지막인 것을 사유 끝에 후학들을 위해 증표를 남기셨다고 생각합니다. 대주 스님의 영성은 참으로 깊어서 수희 찬탄할 만한 분임이 분명합니다. 스승이 가르쳐 준 것도 아닌데 이 정도 깊게 들어간다는 것은 그 당시 얼마나 정진을 하셨는지 정말 뵙고 싶고 만나고 싶은 마음 간절합니다.

그러나 굳이 뵙지 못하여도 그분의 말씀과 가르침이 성성하니 그 기운을 받으면서 이 글을 쓰고 있습니다. 그 당시만 하여도 사람들의 영혼이 순수하여 언 하의 말에 돈 오가 되었지만, 오늘날 우리는 너무도 두꺼운 업장의 시대에 살고 있습니다. 들어도 느낌이 없고 보아도 감동이 없는 이런 시절 인연에 어떻게 수련하여 저 대주 스님께서 꽂으신 태극기를 흔들 수가 있을까를 심히 사유하여야 함이 늦었지만, 대안을 마련하여야겠습니다.

시간이 흐를수록 이것에 이르는 사람은 점점 더 멀어질 것이며 그렇다 보면 근본에서 멀어짐도 함께 온다는 것도 지금쯤 위기감을 느껴야 합니다. 처음부터 저는 우리가 부족한 부분을 여러분에게 드러내 놓고 말씀을 드리고 있습니다. 저의 수행방법을 공부하시면 대주 스님과 성철스님께서 말씀하시는 곳에 다다를 수가 있다는 것을 저의 경험으로 자신 있게 전하는 바입니다.

자고로 우리는 과학의 시대에 살고 있습니다. 이것은 피할 수 없는 숙명이고 이런 현실 속에서 우리의 전통과 문화를 계승하려면 과학의 도움으로 영성의 세계를 더 발전할 수가 있다는 것입니다. 지금까지 우리는 너무도 획일적인 공부와 수련을 하여 왔습니다. 근본은 취하되 시절 인연에 부응하지 못하면 현실에서 멀어질 수밖에 없기에 사명감으로 다양한 공부를 하여 국가와 민족의 선봉이 될 지혜를 마련하지 못하는 집단은 현실에 밀려남을 냉정하게 돌아보아야 합니다.

또한, 후학들이 더 빛낼 수 있는 동기부여를 우리는 과연 잘하는 것인지 솔직한 마음을 나눌 때라고 생각을 합니다. 더 이렇게 내버려

두다간 지금까지 지켜온 전통을 잃을 수 있다는 고견을 전합니다.

26.   한 생각 일어나기 이전 자리에 머물러라
(분별 망상이 존재하지 않음)

텅 빈 우리의 본성은 일체의 시비 분별이 없는 한 생각 일어나기 전의 성스러운 이름 붙일 수 없는 초순수에 알아차림이다. 공부하여 채워지는 것이 아니기에 그 어떤 가감과 조작을 떠난 자리이다.

그냥 존재하면 되는 것이다. 이곳에는 천당과 지옥도 없고 새새 생생 살아온 윤회의 습기를 저 공성의 용광로에 집어넣으면 부활하는 곳이다(에고가 사라지면 본성과 성령이 부활한다.).

그렇다 오온을 붙들어 매고 우리의 참 본성을 드러내는 한 생각 일어나기 전의 자리에 머물러라. 그것이 우리의 고향이며 영원한 어머니(본성과 성령)가 상주하는 곳이다. 우리는 반듯이 그 어머니를 내 안에서 비추어 보아야 한다.

27.   왜 돈오 한 도인이 나오지 않는 것인가?

위에서 말씀을 드렸지만, 이 5기가 시대에 살아가는 우리는 하루에도 헤아릴 수 없는 번뇌와 망상을 일으키고 있습니다. 그것의 근원은 스마트폰이고, 이 스마트폰은 결코 없어서는 아니 되는 마치 현대인들의 필수품이 되었습니다.

수행으로 얻은 공덕이 이 스마트폰으로 무색하여지는 이런 현실에 과연 우리는 무엇으로 수련하여 돈오의 경지에 진입할 수 있다고 생각을 하시는지요. 화두를 타파하여도 제8 아뢰야식에 미세 종자는 그대로 남아있기에 번뇌와 망상을 줄 일 수가 없는 것이 솔직한 심정입니다.

몇 해 전 세계 간화선 명상포럼에서 한국을 대표하는 선승의 말씀이 참으로 솔직하고 반면에 오늘날 수행자의 현실을 낱낱이 드러낸다고 저는 생각을 하였습니다. 그런 분이 그 정도의 마음이 산란할 정도면 다른 분들은 어떡하라는 말인지요? 심히 걱정되고 안타깝고 선불교의 앞날이 밝은 것만은 아님을 자각하여야 합니다.

좀 공부를 하였다는 분들이 한결같이 나와서 하시는 말씀이 시대가 어려우니 다 명상을 하게 될 거라고 명상은 없어지지 않는다고, 맞습니다. 그러나 좀 더 본질적인 대안을 가지고 나와서 '국민을 행복하게 하는 명상으로 모드가 전환'이 되어야 합니다. 그래서 저는 돈오한 도인을 만들어내는 '커리큘럼이 있어야' 돈오한 도인이 나올 수가 있지 지금의 방법을 리셋하지 않으면 저 하늘의 태극기를 흔들어 볼 납자는 점차 전설 속으로 사라짐을 분명하게 말씀드립니다.

보조 스님의 견성도 사람의 근기가 다르기에 필요하며 성철스님의 돈오는 부처님의 혜명을 이을 수 있는 돈오입니다. 그러하니 둘 다 필요하며 보조 스님의 견성을 토대로 성철스님의 돈오가 되면 그 깨달음이 바로 '수능엄삼매에 들어 부르는 노래'입니다.

이 정도가 되면 우리 사회와 지구촌을 이롭게 할 득력을 얻습니다. 이 변화무쌍한 우리 사회와 지구촌에 적어도 수능엄삼매에 들어야 중생을 구제할 수 있으며 지혜를 제시할 수가 있습니다.

그렇다면 돈오한 도인들이 왜 우리 사회와 지구촌에 지도자가 되지 못하는 것인가? 그것에 대한 답변은 다양하겠지만 저는 첫 번째로 깊은 선정을 체험하여 그것에서 득력으로 이 시대에 맞는 언어와 비전을 제시하지 못하고 있다는 것입니다.

이런 수능엄삼매에 들어서 우리 사회와 지구촌을 아우를 핵심을 제시하지 못하기에 승속이 다 이렇게 정체된 것입니다. 관념으로 깨닫기에 감동이 없고 감동이 없기에 변화가 일어나지 않는 것입니다. 그 관념을 깊은 선정(사랑과 자비심 보리심)으로 체화시켜야 울림이 일어 사람들을 각성하게 할 수 있습니다.

한 선각자가 그 비전을 제시하고 그것에 도달하는 사람들이 나와야 사회를 이롭게 할 수 있는 것입니다. 그만큼 총체적으로 어려운 시기이기에 누군가가 작은 불씨를 지펴야 합니다.

28. 다시 발 보리심으로 우주 자연에 회향을 올리며...

이 텅 빈 공성(본성과 성령)에는 우주의식이 근본적으로 포함되어 있습니다. 이것은 불멸하는 하나의 생명체입니다. 그 성품에는 사랑과 자비 연민이 체가 되고 육 바라밀 이용이 되어 보리심으로 함이 없는 무위의 사랑을 나타나고 있음이 우주 자연의 본 성품입니다. 우리가 깊은 삼매와 묵상에 들어 이런 깊은 지혜를 찾았다면 참으로 기쁜 일이며, 인간이 걸어가야 할 생명의 길입니다(공성과 성령을 수없이 체험하여야 이런 말에 공감이 듦).

제 2 장

◇

깊은 선정과 묵상에서
깊은 삼매에 이르는 실전 팁

한 줄 명상

깊은 선정과 묵상에 이르는 과정은 다양하지만, 저의 경험을 나누어 보겠습니다.

공부의 길은 밑에서 정상으로 오르는 길과 정상에서 거꾸로 내려오는 방법이 있습니다. 우리는 일반적으로 기초에서 정상으로 단계를 받는 과정을 택하곤 합니다. 그런데 우리가 숨 쉬는 우주 자연 운행의 법도를 이해하고 그 자연의 순환 사이클에 맞추어서 여닫는 것(들숨과 날숨)이 저는 공부의 핵심이라고 생각을 합니다.

좀 더 설명하면 우주 자연의 생명 역시 이 자연의 운행 법도에 따르면서 생명을 살아가듯이 우리 역시 자연의 근본을 이해하면 나머지는 공부하기가 쉬운 것입니다. 왜냐하면, 모든 논리는 이것을 근거로 하여 시작되었고 또한 궁극에는 분별없는 원점인 0으로 귀환하기 때문입니다. 이미 자연은 상으로 움직이는 것 같지만, 그 무위(함이 없는 함)에서 움직이기 때문입니다(그러니 도는 자연이 더 높은 것입니다.

물론 이렇게 하려면 좀 상근기여야 하며, 영적인 잠재력도 좀 타고나야 이렇게 행할 수가 있습니다. 우리가 공부하여 마지막은 '우주 자연이 나와 한 몸이구나.' '진리는 둘이 아니구나.'를 확인하는 과정일 뿐입니다. 이 과정이 사람에 따라서 좀 차이가 있는 것이기에 이 공부 방법을 병행하면 지금까지 준비한 것을 꽃을 피워 향기를 낼 수가 있다고 저는 확신합니다.

✳ 수능엄삼매에 드는 팁은 한마디로 몸과 의식의 이완이 답입니다.

1. 신심과 안심 그리고 발 보리심을 키워야 합니다

윤회의 고리에서 벗어나 궁극의 깨달음을 얻는 게 우리가 가장 먼저 해결하여야 할 사명인데, 세월이 그러하여서인지 참으로 출세 간이 퇴색하여 간다는 것입니다.

인간의 몸을 받아서 가장 거룩하고 성스럽고 마땅히 존경받아야할 일이 '궁극의 깨달음을 성취'하는 것입니다. 공부의 길은 참으로험난한 길이며 힘들고 때론 고행의 길이지만, 궁극의 깨달음을 성취하면 '수행의 과는' 보상을 받는 것입니다(상대를 이롭게 할 힘을 지니기 때문). 궁극의 깨달음이란 본성과 성령의 품에 풍덩 빠져 조금의 미혹함도 없는 것을 말합니다. 그리고 그 깨달음의 지혜로 우리 사회와 지구촌에 혜명의 길을 제시할 수가 있어야 합니다.

우리 사회가 맑고 밝은 사회로 가는 길은 이런 눈 밝은 선지식이여기저기서 나와야만 우리 사회를 정화할 수가 있고 삿된 무리들은스스로 사라지게 되는 것입니다.

반면에 이런 선지식이 배출되지 않고 앵무새같이 이론적인 진리에만 밝아서는 이 복잡 다양한 사회와 지구촌을 다시 헤쳐 모이게 할수 없기에 사회와 지구촌은 갈수록 더 혼란스러워지는 것입니다. 그래서 영성 수행자는 지금까지 우리가 공부한 것을 토대로 좀 더 폭넓은 의식의 확장으로 주변을 둘러보아 내가 부족하다고 생각하는 것은 이것저것을 따지지 말고 나의 모순을 채우는 몸과 의식을 함께 공부하여야 함이 이 시대의 수행자가 갖추어야 할 덕목입니다.

내가 정말 나의 마음에 성인을 사모하는 마음이 있다면 내가 마땅히 그 길을 걸어가겠노라 하는 큰 분심과 의정으로 나가셔야 합니다. 세상에 파묻히더라도 그 공부한 지혜를 마지막에 한 마디라도 울림을 줄 수가 있게 큰 발심을 하지 않는다면 이 시대에 사람은 많아도 눈 밝은 사람은 나오지 않는 법입니다. 내가 한번 세상을 위하여 살겠다는 큰 원력으로 공부하시면 지금 눈에 보이고 들리는 것이 다릅니다.

큰 뜻을 품으면 시련과 고난은 늘 따라옵니다. 이것이 세트기에 누구도 벗어날 수가 없습니다. 그런데 그런 큰 뜻을 품으면 고통은 있어도 생명은 이어가게 하며 먹고 살만큼의 의식주는 다 들어오는 것이 이 자연의 법칙입니다.

이 글을 읽으시는 여러분들이 정말 간절하게 발심을 하여 나의 공부의 힘으로 사회와 지구촌을 이롭게 하는 사람들이 나와 주기를 부탁드립니다. 나의 공부의 힘으로 사회와 지구촌을 득 되게 하는 길을 중생들은 준비하고 학수고대하고 있습니다. 세상을 알아야 공부한 것을 펼칠 수 있습니다. 세상을 모르는 것은 아직 공부하고 있다고 보아야 합니다. 우리가 공부하는 목적은 세상을 잘 살기 위함임도 포함되어 있음을 잊어서는 아니 됩니다.

2. 부처와 하나님과 내가 한 몸이 되게 하라

부처와 예수님을 우리는 가슴속에 얼마나 헌신과 존경하는 마음이 있는지를 점검해야 합니다. 그냥 일반적인 신앙심으로는 그 성인의 가슴속으로 들어갈 수가 없습니다.

눈을 감습니다. 그리고 생각합니다. 부처와 하나님께서 그 무한한 사랑과 자비심을 아낌없이 주고 계십니다. 저 무한한 사랑과 자비심을 받아 지닙니다. 그리고 그 사랑과 자비심으로 내 육신의 세포 하나 하나를 깨웁니다. 그리고 그 사랑과 자비심의 충만함과 지복감으로 스승과 하나가 되어 마음을, '안심'을 회복하고 서약을 합니다. 내게 어떠한 어려움이 닥치더라도 이 사랑과 자비심을 놓지 않겠다고 우리는 부처님과 예수님께 서약하였습니다.

늘 일상에서 수련과 기도를 시작하기 전에 부처님과 예수님에 대한 '갈앙심(긴 가뭄 속에 논밭이 갈라지고 농부가 비가 내리기를 간절하게 염하는 마음)'을 계속하여 키워가야지 큰일을 할 수 있는 원동력이 됩니다.

정리하여 말을 하면 이렇습니다. '부처님과 예수님이 우리에게 주신 축복은 무엇인가?'라고 사유하고 지금 그대에게 무한한 사랑과 자비심을 주노니 아낌없이 받아 지니거라 하는 말씀을 가슴에 공명을 일으킵니다.

이것이 생명임을 자각합니다. 이것을 키워갑니다. 우리가 지금 가는 길은 깊은 선정과 묵상으로 들어가서 궁극에 수능엄삼매에 이르는 길입니다. 보통의 생각과 마음가짐으로는 이 과정에 이를 수가 없습니다. 그만큼 우리는 너나 할 것 없이 논리적인 관념의 공부를 하다 보니 때론 그것에 젖어 타성적인 삶을 살고 있습니다. 다시 초심을 다지고 좀 더 간절한 마음의 서원을 지속할 때 우리의 몸과 의식은 변화가 일어나는 것입니다.

지금까지 행하여 온습으로는 저 수능엄삼매에 결코 이를 수가 없습니다. 비록 깊은 선정과 묵상으로 들어가지 못하더라도 이런 간절한 마음이 지속한다면 지금보다 더 모든 면에서 깨어난 삶으로 삶과 수행이 더 진전되리라 생각합니다.

우리가 성인의 가르침에 귀의하여 적어도 부끄럽게는 하지 말아야 하고 더 정진하여 이 가르침을 빛내야 하는 것이 공부하는 사람의 자세입니다. 이런 마음은 우리를 퇴보하게 하지 않고 지금 현실의 삶을 게으르지 않고 각성하게 합니다.

3. 일상의 삶이 사마타와 위빠사나가 되어야 한다

영성 수행의 핵심은 한마디로 집중력입니다. 누가 얼마만큼 나의 몸과 의식을 알아차림을 하여 나의 몸과 말. 행동에 불필요한 허실을 줄이는 것입니다. 이 신구의 삼업으로 하여금 촉이 일어나 느낌으로 발전되어 우리는 하나의 행동으로 이어지는 것입니다.

그러하니 정진의 시간을 따로 가질 것 없이 일상의 삶이 영성 수행의 연장선으로 마음을 가지신다면 매우 도움이 될 것입니다. 어차피 할 것이라면 그것을 집중하면 더 능률이 오르고 또한 본인의 수련도 보장되기에 늘 무엇을 하든지 나의 몸과 말, 행동을 지켜보는 습관을 지니시면 아주 좋습니다.

– 수행을 따로 시간을 내기보다 일상의 삶에서 몸의 동작을 통하여 알아차림의 힘을 키워간다.
예를 들면 밥 먹을 때 입안의 음식을 처음부터 목으로 넘어갈 때까지 시종일관 알아차림 하는 과정을 지켜보는 습관을 들인다. 내가 행하는 모든 동작을 구분하여 시작과 끝을 지켜보는 힘이 강화되면 '촉감과 느낌'을 보는 힘이 강화된다. 이 접촉의 느낌에서 모든 것이 시작되기에 일하는 과정에서도 얼마든지 행할 수가 있습니다.

- 화두는 특별히 정진 시에만 드는 게 아니라 24시간 행주좌와 어묵동전 시 삶의 존재에 관한 관심과 궁금함의 대상이 자동으로 나오게 평상시 존재 지향적인 자세를 키워야 한다. 이런 상태에서 화두를 들어야 효과가 나오는 법이다.

- 숨결이 부드러워야 한다
지금 내가 숨 쉬는 들숨과 날숨이 얼마나 거친지, 또한 부드러운지, 감미로운지, 막 헐떡거리는 마음인지를 점검합니다. 이 숨결이 곱게 그리고 부드럽고 나아가서 감미롭게 교차 호흡과 천상의 음을 통하여 만듭니다. 숨결이 부드러워지면 의식 또한 고요하여짐이 우주 자연의 짝의 법칙이다.

- 느낌을 선명하게
마음이 일어나는 시작은 접촉에서 시작됩니다. 좋은 느낌인지. 싫어하는 느낌인지. 좋지도 싫지도 않은 느낌인지 일상의 삶에서 마주한 접촉의 느낌을 선명하게 알아차리게 하는 힘을 키워야 합니다. 온몸에 느낌을 선명하게 알아차리게 하는 힘은 작은 것에서부터 시작하여 점차 확장하여 나가야 합니다.

- 관찰력을 키워라
삶과 영적인 삶을 행복하게 하는 방법의 하나가 사물을 관찰하

는 힘입니다. 관찰하는 힘은 그대로 사마타와 위빠사나의 연속이
고 이런 작은 습관이 번뇌를 줄이며 나아가 삶의 지혜를 자연과
사물에서 배우게 합니다.

4. 자연의 순환 사이클과 함께 가라

자연의 순환 사이클에 일치되면 심신이 우주 자연과 교감하기에
몸과 의식을 조복받는 데 도움이 됩니다. 음양의 법칙과 인간의 연기
를 통하여 우리의 오장육부와 우주 자연은 서로 연기하기에 사계절
과 24시간의 시간이 우리의 생체리듬과 아주 밀접하게 연관되어 있
습니다.

우주 자연의 기운이 맑을 때 일어나서 정진하면 그만큼 자연의 도
움으로 우리는 크게 애쓰지 않아도 불어오는 바람을 이용하여 순풍
에 돛을 달아 나가듯이 수월하게 갈 수가 있다는 것입니다. 이런 것이
얼마만큼 중요한지는 본인이 몸과 의식이 막혀 있을 때는 잘 모릅니다.

인체의 일곱 개의 신경이 회복되고 몸과 의식이 깨끗해지면 자연
의 기운을 흡수하면서 음식을 먹지 않아도 산소의 흡입만으로도 사
람은 살아갈 수가 있습니다. 이미 우주 자연의 시간 속에는 무한한
에너지로 충만하여 있기에 내가 그것과 조화를 이루면 이것은 자연
스러운 하나의 현상이기에 얼마든지 맛을 볼 수가 있습니다.

자연의 순환 사이클에 맞추어 살면 사람은 크게 모난 삶을 살지
않으며, 늘 철마다 변화되는 자연의 모습이 큰 스승의 가르침과 결코
다름이 없는 그런 무위의 도를 스스로 느끼며 배우고, 때론 절차탁마

도 하면서 우리의 삶을 있는 그대로 보고 감동하는 삶을 만들어 낼 수가 있습니다.

그만큼 자연 속에는 우리의 영혼이 맑은 만큼 진리의 법문은 들리어 오고 이미 다 구족 되어있음을 나의 의식이 깨끗하여 지면은 확인하게 됩니다. 조금 어려운 이야기 같지만, 사계절이 뚜렷한 자연 속에서 살면서 우리가 하는 영성 공부는 더 탄력을 받게 되며 우리가 배운 것을 자연을 통하여 다시 한번 되새김질하는 복습의 장이기도 합니다.

우주 자연이 깨어나는 시간에 호흡하여보면 그만큼 우리의 오장육부는 더 성성하게 느낌이 선명하게 다가옵니다. 이처럼 자연의 순환 시간은 늘 다르기에 우리가 그것을 이용하면 그만큼 우리는 우리의 오감을 더 맑게 유지하며 '취하고 버림'을 만들지 않습니다.

자연은 늘 자비의 마음으로 나눔을 이어가기에 '관념적인 지식으로 의식을 변화하려 하면' 그만큼 더디고 완전하지 않습니다. 그런데 자연과 동행하는 습성을 익히면 무엇이든지 자연스럽게 열리고 닫히고(들숨과 날숨) 한다는 것입니다. 그것은 자연의 순리이기 때문입니다.

깨달으려고 애쓰고 깊은 선정과 묵상으로 들어가려는 욕망도, 나아가서 더 깊은 수능엄삼매에 이르려는 한 생각도 자연 앞에선 아주 나약한 생각입니다. 이미 맑은 가을 하늘은 티 없는 순수의 모습을 보여주고 자유자재한 능력(관자제)을 그냥 행하고 있습니다. 우리는 아직 자연의 깊은 도를 갖추지 못하였기에 이런 큰어머니의 마음을 갖춘 덕과 동행을 하여야 우리도 그런 마음과 덕을 갖춘 보살의 삶을 실현할 수가 있습니다.

바쁜 현대인들이 이런 이야기가 다소 공감이 부족할 수는 있지만,

최대한 자연의 사이클에 의식주 생활을 하시고 하시는 일은 복잡하고 다양하여도 나의 의식주의 공간에서만큼은 그런 생활을 하시면 몸과 의식 그리고 건강도 함께함을 전합니다.

5. 매일 1초씩 알아차림을 늘려가라

우리는 하루에 약 오만 번의 생각을 일으킨다고 합니다. 그 오만 번의 생각 속에 알아차림 하는 순간 과연 나는 깨어나 있는지 스스로에게 질문을 던져야 합니다. 이런 것을 통하여 나의 습기를 변화시키려면 강한 동기를 유발하여 작은 것에도 각성의 시간으로 만들어 나갑니다.

인간의 세포가 변화되는 최소 주기가 7일이기에 일주일 동안 매일 일기를 쓰면서 하루에 내가 나의 행동을 통하여 알아차림 한 것을 적습니다. 이렇게 일주일 동안 알아차림과 놓침을 반성하고 꾸준하게 해내는 습관을 이어가야 합니다.

– 들숨과 날숨이 최고의 방법입니다

무슨 일이든지 반복의 연습 없이는 나아지지 않는 법이니 지금 더디더라도 꾸준하게 하는 사람은 이길 수가 없습니다. 알아차림의 힘이 강화되면 영성 공부의 끝이 보이는 것입니다.

그러하니 이것이 강화되지 않으면 진전이 되지 않으니 일상의 삶에서 들숨과 날숨의 호흡을 지켜보는 것이 가장 확실하며 성취가 있습니다. 우리는 잠시도 숨을 쉬지 않고는 살 수가 없기에 들숨과 날숨을 통하여 마음 챙김을 강화할 수 있는 아주 최고의 방법입니다.

- 숨을 들이쉬고 내쉬는 행위와 하나가 됩니다
- 나와 호흡 사이에 망상을 두어서는 아니 됩니다
- 나중에는 들숨과 날숨이 통으로 하나가 되어야 합니다

6. 우리가 궁극에 깨닫는 것이 무엇인지 이치로 먼저 개념을 확실하게 알아야 합니다

✳ 노자는 이런 말씀을 하였습니다.

진리는 말로써 표현하는 게 아니라고 말입니다.

진작에 우리가 깨닫는 텅 빈 공성, 성령은 언어로써 표현할 수가 없으며, 시공간을 초월한 자리인데 이것을 언어나 문자를 빌리지 않으면 어떻게 전달할 방법이 없기에 하는 수 없이 적어보지만 그렇게 마음은 개운하지가 않습니다.

왜냐하면, 선의 진수는 말을 떠나서 참구하여 그 본질을 알았을 때 그 통쾌함은 말로서 표현할 수가 없습니다. 오늘날 이렇게 자세히 일러주면 그것으로 하여금 의식의 확장이 멈추어 버리기도 합니다. 여하튼 이치로 먼저 해오(이해)를 하고 그것을 더 논리적으로 사유를 깊게 하는 게 현대인들의 근기며 공부방법이기도 합니다.

먼저 논리와 개념을 충분히 사유하고 그 개념이 완벽하게 나올 수가 있어야 지혜를 유추할 수가 있습니다. 그러하니 무엇을 하든 개념을 충분히 숙지하고 공부를 하여야 성장하고 나아갈 수가 있다는 점 기억하여 주시기를 부탁드립니다.

우주 자연은 다 상대적인 법칙으로 운용된다는 것을 우리는 배웠

습니다. 빛이 있어야 그림자가 존재하고, 소리가 나는 것에 반대는 소리 나지 않는 것입니다. 시끄러운 것에 반대는 시끄럽지 않은 무심한 것입니다. 곧 시끄럽지 않은 무심한 것 그것이 '공'입니다.

약간 느낌이 오시는지요. 여기에 '씽인볼'(명상이나 요가 수련 시 집중을 도와주는 기구)을 치면 그 소리를 따라 깊숙이 들어가서 소리 없는 지점까지 이르러 그 침묵의 소리 없음의 '무심의 소리'를 관찰하는 그 '주시자'. 아는 자를 알아차림 하는 방법을 연습하여 보겠습니다. 나아가 그 알아차림 하는 자가 공성이며 성령입니다(이 존재감을 강화해야 합니다.).

1) 눈을 감고 내면을 들여다봅니다

* 망상이 올라오면 그대로 지켜보고 모른다만 하십시오.
- 내면의 온갖 감각기관들을 알아차립니다.
- 일곱 개의 에너지 차크라가 있는 곳의 느낌을 알아차립니다.
- 들숨과 날숨을 알아차립니다.
- 들숨의 시작과 끝을 알아차립니다.
- 들숨과 날숨의 중간 멈춘 부분을 알아차립니다(이 중간지점에서 존재감이 공성이고 성령입니다. 초승달같이 짧음).
- 들숨의 산소가 더운지 차가운지 그리고 거친지 감미로운지 알아차립니다.
- 지금 호흡이 가는지 세밀한지를 알아차립니다.
  익숙하여지시면 호흡 전체를 지켜봅니다.

2) 옴 소리를 열창합니다

- 들숨을 깊게 들이마시고 날숨으로 옴을 나의 폐활량에 맞게 천천히 내뱉으며 소리를 지켜봅니다. 옴~
- 처음과 끝을 세밀하게 관찰합니다.
- 소리가 점점 작아지는 지점으로 들어갑니다.
- 귀는 소리를 듣고 잎은 열창하고 내면으로 나의 소리를 듣습니다. 그리고 그 소리와 하나가 됩니다.
- 그것이 울리는 소리 전체를 봅니다. 즉 중심의 소리를 듣습니다.
- 소리를 영창 하는 동안 단지 소리에 대해서 뿐만 아니라 그 속에 감추어진 느낌까지도 영창합니다.
- 시간이 지나면 소리는 사라지고 느낌만 남습니다. 소리는 느낌에 이르는 통로로 사용됩니다.
- 소리가 멈추면 침묵이 찾아오고 그곳에 느낌이 존재합니다.
- 그 느낌은 오염되지 않은 순수 그 자체입니다.
- 그 느낌을 보는 자를 알아차림 합니다.
- 그 느낌을 주시하는 자를 알아차림 합니다.
- 지금 생생한 알아차림은 소소 영영 하며 진공 묘유에서 나왔습니다.
- 이것은 시공간을 떠나 움직이되 움직인 바가 없으며 물들지도 줄어들지도 않습니다.
- 이것이 불생불멸 하는 우리의 본성이자 성령입니다.
- ✸ 이때 핵심은 깨어있음의 소리를 듣는 것입니다.
- ✸ 옴의 소리는 단시간에 최대의 진동으로 온몸의 세포를 각성하게 하며

율동하게 합니다.

옴의 진동으로 우리의 영성을 깨우며 알아차림의 힘을 키우는 것입니다.

☀ 번뇌와 망상이 올라옴을 수행의 디딤돌로 삼아라.

일어난 것은 사라지는 것이 자연의 이치입니다. 번뇌 망상도 올라오는 즉시 알아차림을 하면 점점 우리의 무의식의 공간에는 업식이 쌓이지 않고 점점 줄어가기에 번뇌와 망상이 나온다고 하여 절대 싸워서는 이길 수가 없습니다.

또한, 내가 말을 걸어주니 기승을 부리는 것이지 내가 '모를 뿐' 하면 더 이상 번뇌는 꼬리를 감추어 본래의 자리로 돌아가는 것입니다. 이런 기본 개념을 숙지하고 삶과 수련을 하시면 장애에서 벗어날 수가 있습니다. 항상 모든 것은 억지로 없애고 나가게 하려면 물리적인 힘인 작용 반작용 법칙이 따르기에 이런 순리를 적용하면 번뇌와 망상이 곧 보리가 될 수가 있습니다. 내가 지금 힘들어하는 그 모든 것을 내가 행하는 길에 디딤돌로 사용하면 그것이 나를 도와주는 거름 역할을 합니다.

번뇌와 망상이 많다는 것은 역으로 생각하여 보면 내가 이타의 마음으로 돌릴 재료가 많다는 것입니다. 이렇게 나에게 적이라도 내가 그것을 잘 사용하면 절대 해하지 않고 나를 도와준다는 것입니다(일어난 것은 사라지는 것이 자연의 법도나 여기에 취사 심을 내지 않고 무심하면 흘러가는 것).

3) 들숨과 날숨의 내면의 숨소리 듣기

- 미묘한 소리기에 들리지 않습니다.
- 의식이 멈추고 무심(거친 번뇌와 산란한 마음이 없는 상태)이 되었을 때 많이 겨우 들을 수 있습니다(거기에는 태초의 침묵만 존재한다. 숨 쉬는 자를 알아차림 합니다).
- 들숨의 소리 듣기(일종의 침묵 소리)

  코에서 나는 소리라도 생각하지만 각 성 속에서 가슴에서 일어나는 소리라는 것을 알게 됩니다. 엄격하게 말하면 뇌 신경이 알아차림 하는 것입니다.

  무의식이 정화되고 차크라가 회통이 되면 나라는 에고가 줄어들어 한 생각도 일어나지 않는 무심을 체험하면 마음은 중심을 잡아 대상에 흔들리지 않습니다. 이렇게 되면 늘 들숨과 날숨의 내면의 심연의 깊은 울림을 가슴으로 공명을 일으켜 온몸을 깨웁니다. 이것이 알아차림의 힘이자 내면의 초월의식을 경험하게 되는 것입니다.

- 이 정도 되면 줄 없는 거문고의 소리를 들을 수 있습니다.
- 내면의 달이 뜬 것을 볼 수 있습니다.

✴ 이 정도 되시면 선문답의 화두가 술술 풀립니다.
✴ 이런 간접적인 옴 수련을 통하여 자신의 감각을 깨우며 또한, 집중력이 강화되고 동시에 우리의 본 성품인 순수한 알아차림의 의식만 남게 되는 것입니다.

깊은 선정과 묵상에 이르는 길에서 다시 더 깊은 수능엄삼매에 이르는 길은 같은 것 같지만 저는 구분을 두어야 한다고 생각합니다. 깊은 선정과 묵상에 이르기만 하여도 우리의 본성과 성령을 체험하지만, 다시 '사증 득할(죽었다 다시 살아나서)' 하여 미세 망념도 없는 의식 속에서 우리의 본성과 성령을 체험하면 미혹이 남지 않습니다. 지금까지는 의식 수련의 팁을 다시 한번 공부를 하였습니다. 아시다시피 깊은 선정과 묵상에 이르는 길은 몸과 의식의 조화로운 균형이기에 몸 수련에 대하여는 이것이 코로나 19에서 벗어나는 처방전입니다. 책을 참고 바랍니다.

깊은 선정과 묵상에 이르는 팁은 사실 몸의 비중이 더 크다고 말씀을 드리고 싶습니다. 우리 몸의 호흡신경과 척추신경 대뇌 중추신경, 즉 임맥과 독맥이 한 바퀴 도는 시간이 40분이 걸린다고 합니다. 그렇니 천상의 음 만트라 명상은 기본적으로 꼭 한 시간을 하셔야 합니다. 이 교차 호흡과 옴만 트라. 일곱 개의 천상의 음의 파워가 일곱 개의 에너지 신경을 이완시키는 역할을 하니 시간이 나실 때마다 놀이로 하시면 좋습니다.

이것에 대한 특별한 비결은 앞에서 이야기한 개념을 충분히 숙지하시고, 그 개념이 나올 때 수련을 이어가야 도움이 됩니다. 몸과 의식을 함께 수련하여 이번 생에 반듯이 수능엄삼매에 들어 지혜를 얻어 우리 사회와 지구촌을 이롭게 하여야겠습니다.

4) 각 수련 단체에서 만트라 명상을 도움받아 깊은 선정과 묵상으로 들어가기

✳ 기존에 화두로 돈 오를 하여도 미세한 망상과 습기는 그대로 있고 또한
수능엄삼매로 들어가지 못하기에 차선책으로 드리는 말입니다.

4-1) 간화선에서 만트라 명상 적용하는 법

일상의 동정 일 여에서 늘 자기의 화두를 참구합니다. 그러다 참선
을 시작하려면 먼저 옴 아 훔 만트라를 시작으로 일곱 개의 천상의
만트라를 최소한 한 시간을 집중하여 파동과 하나가 되어 부르고 참
선에 들어가는 방법입니다. 그렇고 나면 몸과 의식은 이완되었기에
화두가 선명하게 들릴 것입니다. 기존에 방법대로 처음부터 화두를
들다 보면 몸의 이완과 의식의 이완이 되지 않았기에 사람에 따라 한
시간은 화두와 망상, 그리고 수마로 참선 시간이 그냥 앉아 있는 시
간으로 흘러가는 게 다반사입니다.

만트라 명상을 하시고 참선에 들어보면 화두를 염하는 의식이 투
명하여 화두를 들려 하지 않아도 들리며, 그토록 떠오르던 번뇌와
망상이 전보다 잔잔해지며 호흡을 장악하는 힘도 생기며, 몸과 의식
이 더 고요와 경안으로 집중하는 힘이 더욱 강화됨을 확인할 수가
있습니다.

우리가 화두를 드는 것에 대하여 일찍이 탄허 스님께서는 화두 수
행은 독화살을 들고 독화살로 치료하는 격이라고 하였습니다. 근기
가 되는 사람에게는 바로 직지인심 견성 성불할 방법임은 분명하나,
이것을 전하는 차제가 사람마다 다르고 이것을 접하는 후학들의 근
기가 낮다 보니 현실은 방법은 뛰어나나 현실에서 외면당하는 느낌

이 있음을 안타깝게 생각을 합니다.

저 역시 화두 수행을 수십 년을 하여 왔습니다. 근기가 되는 사람에게는 수승한 깨달음으로 가는 지름길은 맞습니다. 반면에 그러하지 못한 사람에게는 때론 그것의 개념과 의정이 올라오지 않으면 별 도움이 되지가 않습니다. 우리가 무엇을 하든지 간에 맛을 보아야 합니다. 일단 선정의 맛을 보게 되면 좌선을 하지 말라 하여도 그냥 길을 가면서도 명상이 되는 법입니다. 그런데 체험과 맛을 경험할 수만 있다면 모든 것은 다 하나로 연결되기에 다 한곳에서 만나는 것입니다.

지금의 간화선 수행이 대중들의 가슴으로 파고들지 못하는 이유를 명확하게 알면은 처방전이 나올 수가 있으며, 또한 그것을 체험한 선승들의 깨달음 차제가 다르고, 그것에 이르는 화두 참구법도 차제가 좀 부족하다는 생각이 남습니다.

화두가 생사를 해결하는 활력소가 되어야 하는데, 그것이 오히려 중생들이 번뇌와 망상을 만드는 형국입니다. 이 문제점을 간단하며 쉽게 풀 수가 있는데도 전통과 문화 그리고 나서지 않으려 하는 자비심의 부족으로 우리는 혼동 속에 있지는 않은지 냉철하게 돌아보아야 이 좋은 법이 계승될 수 있음을 깊게 생각하여야겠습니다.

화두만 받았지 그것에 이르는 차제의 부족은 중생의 근기가 다르기에 좀 다양하게 방법이 있어야 하며, 깊은 명상의 상태에 이르는 과정과 그 상태마다 화두를 어떻게 챙기고 놓고 또한 번뇌와 망상이 올라올 때 화두로 대처하는 방법이 있어야 하며, 화두를 염하는 방법을 너무도 모르고 있다 보니 화두와 한판 '씨름하는' 참선으로 가다 보니 참선을 하여 성과와 성취가 있어야 하는데 우리가 가는 길의 끝이 보이지 않는 것이 현실입니다. 물론 이 과정이 수련의 길이지만, 저의 경험상으로 수십 년을 화두를 들어 겨우 견성 맛을 보았지만, 번뇌와 망상 습기는 그대로 남아있었습니다. 참으로 너무도 아득한 길이기에 후학들이 과연 이런 길을 따를 수 있을지는 우리가 어떻게 보여주는가에 따라 결정이 될 것으로 생각합니다. 조금만 보안을 하고 몸 수련까지 함께한다면 정말 흠잡을 데가 없는 수행법으로 만들 수가 충분히 있다는 것을 밝힙니다(이것은 저의 사견입니다.).

만약에 참선의 선정 환희를 체험하지 못하였다면, 그리고 깊은 선정과 삼매를 체험하고 싶다면, 제 말대로 한번 해 보시면 도움이 될 것입니다. 만트라 명상을 한 시간 정도 하고 화두를 처음부터 들지 마시고 일단 만트라 명상이 끝나면 바로 호흡을 주시하시길 바랍니다. 이때, 호흡은 파도를 타는 것과 같이 들숨에 올라가고 날숨에 내려가는 것을 관상하면서 차츰 자연스럽게 파도를 줄여 갑니다. 이럴 때 절대 파도를 놓쳐서는 안 되기에 들숨의 파도, 날숨의 내려감을 온전하게 하나 되어 집중을 이어 가면 됩니다.

호흡은 들숨과 날숨을 집중하여 몸이 이완되고 점차 세밀하게 의식이 이완되어 가는 것을 지켜봅니다. 호흡이 더 가늘어지고 몸과 마음에 흔들림이 없을 때 그때 여러분이 드는 화두를 들고 관하여 보는 것입니다.

✳ 화두 드는 요령

이것은 전하는 사람마다 다 다르다는 것이 하나의 문제점입니다. 그러하기에 이것을 통일된 차제를 만들어야 함이 시급하다고 생각합니다. 여기에서는 또 하나의 관념을 만들 수 있기에 저의 사견을 적어봅니다.

화두는 '한 생각이 일어나기 전의 공의 자리를 관하여야' 합니다. 즉, 일체의 분별심이 끊어진 그 자리를 관해야 화두가 타파되는 것입니다. 이때, 힘을 주지도 빼지도 말아야 합니다. 왜냐하면, 지금 의식의 뇌파는 점점 더 느려지고 세밀하여지고 낮아진 상태이기에 의식을 강하게 일으키면 깊은 명상으로 들어가던 것이 다시 처음으로 돌아가게 됩니다. 화두를 미세하게, 약하게 그리고 의식으로 집중해 보면 화두가 내가 하나가 되는 시간이 옵니다.

그 시간은 내 몸과 의식이 얼마만큼 이완이 되어있느냐에 따라 차이는 있을 수가 있습니다. 결국은 또렷한 의식에 화두도 사라지는 시점이 오면 그것마저 놓아 버리고 이제는 우주 자연 태초의 본래 순수한 텅 빈 순수의식을 느끼면 되는 것입니다. 이름 붙일 수 없는 그 절대 무극의 자리(공성)를 체험하면 인간은 더 순수하게 돌아올 수밖에 없습니다. 깊은 선정을 자주 체험하다 보면 그 속에 이미 다 구족된 육 바라밀을 확인하면 되는 것입니다.

문제는 이 화두를 참구하는 방법이 사람의 각자 근기에 따라 다르기에 획일적인 한 가지 방법만 고수하다 보니 성취의 길에 난행을 겪고 있습니다. 화두 수행은 의심과 의정 대 분심이 일어나서 어째서 왜 하는 의문이 강하게 일어나야 앞으로 나가면서 번뇌와 망상을 조복받을 수 있습니다. 그것이 더 깊어지면 어느 찰나에 마음이 끊어진 자리 심행처멸에 이르러 공성을 체험하게 되는 것입니다. 의심과 대 분심이 일어나지 않으면 화두 수행은 오히려 번뇌 망상을 키우게 되어 무의식에 종자를 심게 됨도 참고로 알아야 합니다.

여기에서 에너지 차크라의 신경이 열리면 참선의 맛을 더욱 선명하게 체험하고, 환희심에 감사와 감동의 삶의 DNA를 각성하는 시간이 여기에서 시작됩니다.

자, 그러면 정리를 해보겠습니다. 간화선의 장점은 공의 자리로 바로 들어가게 하는 것입니다. 그런데 공성을 체험하고 더 깊이 수능엄삼매로 들어가려면 번뇌와 망상을 근본적으로 없애고 더 나아가서 부처의 자리에 오르려면 아뢰야식에 남아있는 미세한 망념과 습기까지 완전하게 제거하여야 붓다가 되는 것입니다.

간화선은 의식 수련이기에 부족한 것이 번뇌와 망상 미세한 습기까지 제거하는 데는 한계가 있습니다. 공성을 체험한 것으로는 부족하기에 반드시 만트라 명상과 몸 수행을 병행하여야 붓다가 될 수가 있음을 이 책에서는 일장부터 우리가 소홀하였던 부분을 지적하고 있습니다.

이제라도 몸 수행을 통하여 좀 더 한국 불교의 선지를 세우고 위대한 간화선의 선풍을 반드시 되찾아야 한다는 충심의 마음에서 글을 적으니 오해가 없으시기를 바랍니다.

만트라 명상이 충분히 도움이 될 것입니다. 꾸준히 하여야 나의 무의식이 정화되고 참선 수행의 부족함을 말끔히 보충하여 줄 수 있음을 논리적으로 밝혔으니 기존의 고정관념을 내려놓고 공부하면 이익이 함께할 것입니다.

4-2) 만트라 명상을 사마타와 위빠사나 수행에 적용하기

만트라 명상을 하고 사마타와 위빠사나를 하여보면 다른 점은 호흡과 사물에 집중하는 힘이 탁월하게 나아진다는 것입니다. 명상 시 몸과 의식이 더 금세 이완되며, 번뇌와 망상을 알아차림으로 제거하던 것도 인체의 일곱 개의 에너지센터 신경이 살아나면 '정말 번뇌와

망상이 있었나?' 싶을 정도로 확연하게 줄어듭니다.

번뇌와 망상이 줄어들고 집중력이 강화된다면 수행의 이익은 다 갖추어진 것입니다. 걷기 명상과 일상에서 지금껏 내가 몸과 마음에서 일어나는 것을 알아차림의 근본적인 집중의 힘이 이 만트라 명상의 힘인 것을 여러분들이 느낄 수가 있습니다.

인간의 몸을 가진 이상 번뇌와 망상이 당연히 나와야 하지만 몸과 의식, 그리고 인체의 일곱 개의 신경이 살아나면 지금껏 위빠사나 수행이 두 개의 날개를 단 것과 같은 효과를 여러분 스스로 느낄 수가 있습니다.

지금껏 깊은 명상의 장애가 번뇌와 망상을 진동 파동 음으로 무의식이 정화되면 여러분들의 수행이 더욱 기쁨과 희열로 가득할 것입니다. 자신 있게 권하니 여러분께서 직접 꾸준히 하여보시면 이 영적 수행에 대 해탈을 누릴 수 있을 것입니다.

위빠사나 수행은 논리가 순차적으로 연결되기에 수련하든 하지 않든 이 일곱 개의 만트라를 늘 적용하면서 수행과 교리를 공부하고 특히나 명상에 들기 전에 해보면 더 깊은 영성으로 들어갈 수 있습니다.

부처님 역시 다양한 논리를 다 섭렵하고 깊은 선정에서 지혜를 얻을 수 있었습니다. 그 원동력은 에너지, 즉 몸의 에너지 신경이 회복되고, 이로 인해 우주 자연의 에너지 도움을 받아서 깊은 삼매에서 고통에서 벗어나는 지혜를 찾을 수가 있었습니다. 그런데 우리는 이것처럼 어느 정도까지는 선정을 체험할 수 있지만, 해탈의 길을 찾으려면 더 깊은 삼매와 선정을 통하여 지혜가 나와야 합니다. 기존의 수행 체계에서는 의식 수련만 하기에 자연의 에너지 도움을 받는 그런 것을 공부하지 않기에 깊은 삼매로 들어가지 못하는 것입니다.

교차 호흡과 준장, 여기에다 천상의 만트라를 병행하시고 몸의 신경이 회복되고 명상을 하여보면 모든 면에서 수행이 더 영글지 퇴보는 절대 있을 수가 없습니다.

이런 말과 내용이 다소 생소하고 공감이 덜 갈 수 있습니다. 여러분과 같이 저도 그런 과정을 거치면서 이것을 만나서 적용해보니 정말 놀랍고 모든 면에서 다 좋습니다. 알아차림과 호흡을 보는 힘과 또 호흡을 장악하는, 조절하는 힘이 탁월하며 명상이 무엇인지 더 확연하게 도움을 줄 것입니다. 끝내는 그냥 일상이 사마타와 위빠사나가 저절로 되는 경지까지 이를 수가 있다는 것입니다.

수행의 이익이 하도 많아서 일일이 나열하는 게 구차스럽습니다. 직접 몇 년을 꾸준히 해야 합니다. 저 역시 수년이 걸렸습니다. 아무리 좋은 이야기라도 그것이 나에게 익숙하게 되기 위해선 적어도 몇 년은 꾸준히 하여야 합니다. 그래야 수행의 이로움을 몸소 체험할 수가 있습니다. 에너지 차크라 중에서도 횡격막 신경이 이완되어야 깊은 선정으로 들어갈 수가 있습니다. 기존의 위빠사나를 가르치는 한국의 스님들과 남방의 스님들은 이런 것이 다소 생소하게 들릴 것입니다. 저 역시 일찍이 한국의 위빠사나를 초기에 도입하신 거해 스님으로부터 배웠지만 그렇게 수행에 도움이 되지 못하였습니다.

아마도 여러분께서 저의 이야기를 공감하는 분들은 귀담아들으셔서 좀 더 깊은 선정으로 들어갈 수 있을 것입니다. 기존의 의식으로는 부처님의 선정을 맛보기엔 부족하다고 저는 생각합니다. 반드시 몸의 신경이 살아나고 만트라 명상을 한 뒤에 여러분의 명상을 적용하시면 정말 놀라울 것입니다. 그것은 곧 무의식이 정화된 상태에서 들어가기에 근원의 순수의식을 체험하여야 열반의 맛을 경험하게 되는 것입니다.

이렇게 되어야 우리는 부처님의 사랑과 자비를 더 깊이 느낄 수가 있으며, 동시에 우리의 업을 녹일 수가 있지요. 깊은 선정을 자주 체험하여야 인간의 의식이 더 순수하여지고 발심도 깊어져서 보리심이란 마음으로 승화되어 우리도 부처님처럼 살 수가 있습니다. 차근차근 적용하여 여러분의 영성이 더욱 평화로워지시길 진심으로 응원합니다.

4-3) 만트라 명상 후 개신교와 천주교에서 적용하기

이제 시대는 종교를 불문하고 명상의 시대로 진입하고 있습니다. 기도에서 명상으로 조금의 업그레이드가 필요한 시절 인연에 한국 개신교와 천주교 역사에 이런 이야기를 나눌 수가 있어서 하나님께 무한한 감사를 올립니다. 그동안 우리는 너무도 배척하고 시기하며 질투하며 살아왔습니다.

그러나 우리는 지난 팬데믹이란 거대한 감염병을 겪으면서 우리가 믿고 행하던 진리의 실체를 바로 보는 계기가 되었습니다. 어쩌면 이것이 그 누구도 하여 주지 못하던 것을 있는 그대로 우리의 모습을 보게 하는 선물을 주고 아직도 표류 중입니다. 우리는 이것이 종교 간의 화합은 물론 지구촌이 연대하여 함께 더불어 살아가야 한다는 가르침이 더 확연하게 깨닫게 되었습니다.

오늘 저는 모든 종교가 다 상생하는 마음으로 이 지구촌의 난국에서 벗어나는 길을 다 같이 공유하고픈 마음에서입니다. 그리고 좀 더 깊은 하나님의 성령을 체험하여 개인과 사회 집단의 영성이 더 업그레이드가 필요함을 절실하기에, 부족하지만 개신교와 천주교에 그동안 자연의 순환법칙과 인간의 영성을 치유하는 천상의 음을 적용하면 좋겠다는 순수한 생각을 전합니다.

행여나 잘못한 점이 있다면 너그럽게 양해를 구합니다. '하나님의 사랑을 어떻게 하면 좀 더 실존적으로 느끼고 체험하며, 우리 모두 어떻게 하나님처럼 사랑을 승화할 수 있을까?' 하는 연민의 마음을 가지고 다 함께 사유하여 보겠습니다.

기존 기도나 예배 중 찬송가를 부르는 시간에 이 천상의 만트라를 부르고 기도나 묵상을 하는 것입니다. 또한, 어떤 시간에 적용할 것인가는 목사님이나 신부님, 수녀님이 교회나 성당에서 알아서 하는 것이 좋을 것 같고 개인은 집에서도 편하게 적용하면 될 것입니다.

중요한 것은 고정관념을 내려놓고 하나님의 목소리를 친견한다는 마음으로 몸과 마음에 집중하여 하나님을 맞을 준비를 하는 것입니다. 하나님의 깊은 성령을 우리는 반드시 체험해야 그런 하나님과 같은 깊은 사랑을 행할 수 있습니다. 하나님은 사랑입니다. 그 사랑은 어디에서 나왔을까요? 바로 깊은 성령 속에서 사랑이 더욱 깊어지니 숭고하게 발현되는 것입니다. 교리를 많이 아는 것도 중요하지만 제가 볼 때는 이 신앙생활은 한마디로 늘 하나님과 같은 마음을 나도 행하고 그런 마음으로 사는 것입니다. 그러려면 무엇보다도 여러분의 의식이 순수하고 맑아야 합니다. 하나님의 깊은 성령을 바르게 체험하기만 하면 그 성령의 힘으로 깨어나게 되어있습니다. 정말 하나님의 품에 내가 들어가서 그 사랑을 받으려면 나의 몸과 마음을 하나님의 사랑의 주파수에 맞추고 묵상을 해야 합니다.

진심으로 나의 삶을 반성하고 그 넓디넓은 하나님의 사랑의 품에 안길 수만 있다면 그 사람은 늘 주와 함께 있으며 영생하여 하나님의 나라로 가는 것입니다.

사실 수십 년을 하여도 어느 곳이나 너무 교리에 치중하다 보니 진정한 하나님의 성령을 체험하지 못하고 그냥 신앙생활을 하는 게 우리 모두의 현실입니다. 그러나 내가 지금 알고 있는 것으로도 충분합니다. 그냥 내 마음속에 올라오는 그 애틋한 마음이면 우리는 얼마든지 하나님과 하나 될 수 있으며 그 애틋한 마음만 있으면 늘 이 현실의 삶에서 하나님의 사랑을 실천하며 살 수 있는 것입니다.

기도는 일상의 삶에서 우리에게 그래도 슬픔에서 희망으로 안내하는 매개체입니다. 기도할 때 무엇을 달라는 등 무언가 원하는 마음은 인제 그만 내려놓아야 합니다. 그동안 하나님께서는 충분히 이미 우리의 소원을 다 들어주었습니다. 그만큼 우리의 의식도 성숙하였기에 이제 기도할 때는 저도 하나님의 사랑을 실천하는 사람이 되겠으니 저를 늘 일상의 삶에서 바른 지혜로 살아갈 수 있게 이끌어 달라고 해야 합니다.

이런 마음을 내면 하나님께서 제일 좋아하고 미소 지으며 여러분에게 진정한 용기를 늘 불어넣어 줄 것입니다. 그런데 우리는 늘 지금껏 바라는 마음으로 기도하고 한 번도 하나님의 마음을 즐겁게 하여 줄 생각은 하지 못하였습니다. 너 나 할 것 없이 앞으로 우리가 해야 할 일은 바로 하나님이 기뻐하고 좋아하는 일을 하는 것이며 이것이 곧 나를 위한 기도이며 나를 복되게 바르게 살아가는 길이기도 합니다. 여기에서 좀 더 성숙하면 하나님의 사랑을 나의 이웃에게 실천하며 살게 됩니다. 이때, 내가 이 진리를 만나서 적어도 밥값을 하는 것이니 다음에 하나님을 뵐 때도 부끄럽지가 않아야 합니다.

늘 조석으로 그 애틋한 마음, 엄마가 자식을 무조건 사랑하는 마음이 있는지 없는지 점검해야 합니다. 이 마음이 여러분의 신앙과 삶을 행복하게 하는 원천이며 이 이상의 말씀도 없습니다. 때때로 찬송가를 부르고 기도나 묵상을 하였다면 이 일곱 개의 천상의 만트라를 듣고 하나님을 관하여 보세요. 하나님의 단순하고 청빈하며 사랑으로 살라는 목소리를 들을 수가 있을 것입니다. 지금까지 우리의 무디어진 영혼을 이 천상의 음으로 치유할 때 우리의 내면에 깊숙이 숨어 있던 하나님의 성령이 꿈틀거리며 더 나아가서 성령과 만날 수가 있습니다. 이것이 천국이며 하나님의 나라로 들어가는 것입니다.

여러분이 지금껏 살아오면서 음으로, 양으로 일으킨 생각의 번뇌는 살아온 것만큼 태산같이 높습니다. 아무리 교회나 성당에 가서 하나님을 외쳐본들 천상의 하나님께 전달되지 않습니다. 이왕 하는 것 나의 진심이 하나님께 전달되어야 하지 않을까요? 방법은 간단합니다. 바라는 마음 없이 우리 사회와 지구촌의 가족들이 다 고통에서 벗어나 행복하기를 바라는 마음으로 하나님과 소통하면 여러분의 마음에 그토록 체험하고픈 성령의 궤도에 진입할 수가 있습니다.

저는 여러분들이 모두 깊은 하나님의 사랑의 성령을 체험하여 늘 하나님의 품속에서 살기를 간절히 바라는 마음밖에 없습니다. 그 방법의 하나가 여러분의 들끓는 마음을 가라앉히는 것이니 그 방법을 안내하는 것입니다. 자, 그럼 무릎을 끊고 하늘에 계신 아버지 하나님을 그리워하는 마음으로 준비합니다. 지금 허공에서 직접 하나님께서 나에게 그 맑고 오염되지 않은 목소리로, 천상의 음을 노래하고 계십니다. 성령 받으라고 말입니다. 이제 우리는 이 성령을 받아 지녀야합니다. 아멘. 우리가 지금껏 살아오면서 지은 삶의 죄를 씻어 주신다고 말입니다. 하나님을 사랑으로 관상하여 봅니다.

지금 하나님의 손이 나의 머리를 매만지고 있습니다. 오색의 광명이 빛으로 변하면서 나에게 들어 옵니다. 그 빛나는 하나님의 손의 느낌을 관상하면서 무한한 사랑을 받습니다.

다시 한번 이렇게 생각을 되뇝니다. 이 천상의 음을 하나님께서 직접 여러분께 들려주신다고 생각합니다. 아마도 그렇게 생각하면 여러분이 더 분별하지 않고 진심으로 하나님과 소통을 할 수가 있을 것입니다. 그리고 마지막으로 이 만트라를 부르시고 하나님께서 여러분의 몸과 마음을 어루만져 사랑의 축복을 주신다고 생각하면 더욱 깊은 성령을 체험하게 될 것입니다. 그리고 나의 몸과 마음에 하나님의 사랑과 자비의 싹이 들어왔으니 당신처럼 거룩하게 빛나게 행하겠다고 늘 하나님께 다짐하면서 이 험난한 세상에 나도 아버지를 닮아가겠다고 큰 발심을 해야 합니다.

평소에 묵상 수련을 하신 분들은 천상의 음을 듣고 따라 하면서 에너지의 기운을 이용하시면 더 선명한 하나님의 성령을 직접 체험하실 수 있고 일반적인 신자분들은 이와 같은 방법으로 점차 깊어지는 연습을 하시다 보면 늘 하나님의 성령 속에서 우리가 살고 모든 것이 다 하나님의 성령 속에서 나왔다는 것도 알 수가 있을 것입니다. 또한, '하나님은 아니 계신 곳이 없으며 시공을 초월하여 계시는구나.' 하는 관점의 변화도 경험하실 수가 있습니다.

정리하여 보면, 우리는 하나님의 사랑에 감화되어 교회나 성당에 나갑니다. 그 시들해진 여러분의 가슴 속 사랑을 이 천상의 음으로 다시 한번 아버지 하나님의 사랑을 다시 샘솟게 하여야 합니다. 그리고 나와 세상 그리그 지구촌을 위하여 참다운 삶을 나부터 바르게 깨어나는 삶을 살아야 합니다. 그리고 그 발아된 사랑을 이웃에게 나누어 주어야 함이 하나님의 사랑에 보답하는 길입니다.

우리 사회와 지구촌엔 지금 진정한 하나님의 사랑이 필요합니다. 그 사랑은 지금껏 천상에 있는 것 같았지만 사실은 우리들의 마음에서 발아되어 천상으로 가는 것이었습니다. 이제 그 사랑만이 모든 것을 해결하고 하나로 맺어 주는 유일한 길입니다. 여러분의 마음에 하나님의 성령이 충만하기를 기도합니다. 아멘.

7. 수행과 삶이 진전되는 두 가지를 공부하라

우리가 인생을 살아가면서 삶이 무기력할 때 보통의 사람들은 여행을 떠나 환경을 바꾸어 다른 사람들이 살아가는 모습을 지켜보고 또한 대자연을 보면서 삶의 희로애락을 정리합니다.

수행이나 종교를 가지고 있는데 뭔가 진취적이지 못하고 그냥 세월이 간다고 생각하면 이런 방법을 추천합니다. 지금 우리가 신앙을 믿는 성인들은 지금으로부터 수천 년 전에 존재하셨던 분들입니다. 그분들처럼 웬만한 신심이 있지 않은 한 누구든지 관념적인 방식의 의식과 마음이 들 수가 있습니다.

한번 생각해 보세요. 우리를 낳아 주신 부모님들도 돌아가시면 짧은 시간 안에 잊히지 않습니까? 하물며 수천 년의 성인이라도 내 가슴에서 늘 사랑과 자비의 마음이 한결같이 나오는 것이 참으로 어려운 부분인 것이 사실입니다. 먼저 마음가짐을 이렇게 준비를 해 보세요. 성인의 그 넓고 넓은 사랑과 자비의 마음에 일단 들어가셔서 아이가 엄마의 풋풋한 사랑을 그리워하듯이 여러분도 그 성인의 가슴에 아이처럼 그 사랑과 자비의 넘치는 사랑과 하나 되는 마음을 깊게 관상을 하는 것입니다. 그 사랑과 자비의 싹을 우리 가슴에서 불쏘시개로 써서 피어나게 하는 것입니다. 이것을 할 때는 꿇어앉아서 성인에 대한 헌신과 공경심 그리고 그리워하는 마음이 있는지 없는지를 늘 들여다보아야 합니다. 이 마음이 생기도록 하여 실제 타임머신을 타고 올라가 수천 년 전의 여러분이 믿는 성인 앞에서 직접 내가 그 당시 상황에서 예를 올린다고 하면 여러분의 마음과 태도에 더 공경심이 생길 것입니다.

이것이 지금의 방황하는 우리가 영적 성숙의 길을 갈 수 있는 극처방입니다. 이렇게 마음이 준비되면 몸과 의식이 정화도 빠르고 또한, 정화된 만큼 영적 성숙도 깊어질 것입니다. 이런 마음의 연장에서 수행과 삶의 길에서 두 가지의 공부를 시작해야 합니다. 그 하나는 우주 대자연이 어떻게 존재하며(진동) 움직이는가 하는 자연의 법칙을 아는 것이고, 두 번째는 그 자연의 법칙 안에 인간이 살아가는 존재의 실상과 고통에서 영원히 벗어나는 길을 배우고 실천하는 것입니다. 이 두 가지가 여러분이 공부하는 길하고는 다를 수 있겠지만 좀 더 대자연의 법도를 알아야 참다운 영성을 꽃 피울 수 있습니다. 역대 성인들도 다 대자연에서 스스로 사유하여 이치와 존재의 실상을 실감 나게 규명할 수 있었던 것입니다. 제가 말씀드리는 이야기는 좀 난도가 높게 들릴 수도 있을 것입니다.

이미 여러분은 오랜 시간 기본적인 논리와 이념을 공부하였기에 지금보다 더 높은 이념을 공부해야 전체를 볼 수 있고, 그래야 삶에 자신과 확신을 스스로 가질 수 있습니다. 이런 공부가 깊어져야 큰 지도자가 될 수 있습니다. 하느님이 천지를 창조하셨다고 믿는 사람들은 '어떻게 하면 하느님께서 창조하신 우주 대자연을 잘 사용할 수 있을까?'라는 물음을 던지고 그 해답을 찾으면 하느님께서 얼마나 기뻐하시겠습니까? 무작정 하느님이 천지창조를 하셨으니 우리는 신경을 쓸 필요가 없다고 생각하면 그것은 하느님의 사랑의 능력을 온전히 이해하지 못하는 꼴이 되는 것입니다. 성인의 가르침을 따르는 우리는 늘 가슴 속에 그분처럼 실천하며 살 수 있는 마음 그릇을 키워가야 한다는 것이 저의 생각입니다. 우주 대자연 생명의 법칙을 공부해야 더 깊은 영성의 세계로 들어갈 수 있습니다. 본래 우주 자연이 무한한 사랑이고 자비인 것을 만날 수가 있기에 우리는 좀 더 지금의 삶을 감사와 행복으로 살 수가 있습니다.

8. 삶에 질문이 없다면 대의가 나올 수 없다

사람이 동물들과 다른 점은 생각하는 힘을 가졌다는 것입니다. 제가 어렸을 때 어머니께서는 사유하는 방법을 보여주었습니다. 백 가지 종류의 산야초를 뜯어서 약을 만드시려고 했지만, 그 백 가지 산야초는 좀처럼 모이지 않았습니다. 오늘날 우리 같으면 메모를 스마트폰에 하겠지만, 그 당시 어머니께서는 당신의 헝겊 허리띠를 길게 만드셔서 산야초를 하나 뜯을 때마다 한 매듭을 지었습니다. 그렇게 백 마디를 짓는 것을 보면서 사유의 힘을 배웠습니다. 그 당시나 지금이나 저는 그런 어머니의 모습이 정말 지혜로워서 늘 일상이 사유의 삶으로 자연스럽게 연결됩니다. 저는 이십 대에서 사십 대 중반까지 '나는 누구인가?'라는 인생의 질문을 들고 사유하였지만, 늘 망상

속에서 명상하고 영원히 사는 길을 찾지 못했습니다. 그렇기에 그 갈증과 답답함으로 도서관에 있는 책을 볼 만큼 보았지만, 좀처럼 존재의 궁금증이 말끔히 씻어 낼 수가 없었습니다. 그러던 어느 날, 통도사 방장 지유 스님의 법문을 들으면서 밥상을 걷어차고 "대한민국 만세!"를 불렀습니다. '아 이것이었구나!'

　얼마나 반가운지 춤이 덩실덩실 춰졌고 오대산 선재길을 걷다가 오도송을 적었습니다. 그리고 최초의 법거량은 영 감사 해우소의 고목에서 구멍을 뚫는 딱따구리였습니다. 유심이 아닌 무심의 마음이 들리기 시작하였습니다. 우리는 견성, 즉 자성, 성령을 찾는 방법을 단 몇 분 만에 알려주는 시대에 살고 있습니다. 물론 이치를 알고 공부하면 빠른 것이 사실이지만 때론 빨리 알았기에 사유의 힘이 부족할 수도 있으니 참고의 말씀을 드립니다. 저의 경우 수십 년을 사유한 끝에 체득한 이치의 내공이 바짝 마른 솔가지에 불이 붙는 것과 같이 타올랐습니다. 그렇게 5~6년의 동안거를 통하여 내 안의 평화와 자유의 길을 찾았습니다. '그것도 지구촌이 다 함께 행복에 이르는 길을 말입니다.'

　삶의 길은 다양하지만, 근원을 해결하고 우주 자연과 합일이 되면 모든 것과 다 회통할 수가 있습니다. 바른 공부를 하였다면 저 굴러다니는 돌멩이에도 감사와 고마움이 절로 나오는 법입니다. 정리하여 보면, 비록 지금 나에게 과분한 질문이라도 용량이 큰 것이 좋습니다. 그래야 우리는 더 노력하고 관심을 지속할 수가 있다는 것입니다. 그리고 그것이 나를 만들어 간다는 것입니다. 지금 우리의 교육은 도대체 무엇을 만들어내는 것이 목적인지 모를 정도입니다.

　하루속히 수능 시험이 없어지고, 저 많은 대학도 줄여야 하며, 초

등학교에서부터 인성 교육과 자연 교육 그리고 명상을 가르쳐야 합니다. 사유하는 인간을 애초부터 길러서 작게는 자신을 찾고 나아가 조국과 인류를 위하여 봉사하는 그런 사람으로 만들어야 합니다. '세계화 시대의 지도자를 처음부터 맞춤형으로 길러야 합니다.'

그저 취직하려고 공부하는 이런 시대에 인재는 나오지 않습니다. 대자연을 이해하지 않고서는 의문의 답을 찾을 수가 없습니다. 이 복잡한 국제 질서에는 세계를 이끌 지도자가 필요합니다. 변화하지 않으면 전체가 고통스럽다는 것을 코로나 19는 우리에게 알려 주지만 기득권의 이기심으로 이 정도로도 움직이지 않습니다. 그것에 대해 우리가 치러야 할 삶은 지금보다 더 희생이 따릅니다. 나서부터 무엇을 해야 하는지를 찾을 수 있는 그런 시간이기를 다 함께 사유해 봅니다.

9. 지금 내 마음에 질문이 일어나지 않는다면

우리가 본디 선한 마음일 일어나지 않을 때는 선한 마음이 어떻게, 어떤 조건에서 일어나는지 관찰하여야 합니다. 그리고 그 선한 마음이 일어날 수 있는 환경을 만들고 마음에 습기를 들여서 그것이 내 몸에 익숙해지도록 계속하여 정성을 들여야 선한 마음이 배양됩니다. 마찬가지로 나의 삶의 존재에 대한 궁금증이 일어나지 않을 때는 그 존재에 대한 실존적인 현실을 보고 느끼고 사유할 수 있는 환경을 접해야 합니다. 인간은 감정의 동물이기에 바늘 하나 꽂을 때가 없던 모진 마음도 그런 환경을 접하면 마음이 열리게 되어있습니다.

저도 멀쩡하다가 어느 날 갑자기 숨을 쉬지 못하고 가슴이 찢어지는 통증, 즉 강한 죽음의 고통을 느끼며 점점 죽어간다고 생각했습니다. 그럴 때 인간은 누구든지 삶의 미련이 남는 것입니다.

다시 한 번만 내가 살아난다면 세상을 위하여 살겠노라고 강한 결심을 하게 되었습니다. 그 후로는 그것이 자동으로 생로병사의 큰 대의로 자리 잡게 되었습니다. 내가 그런 마음이 들지 않을 때는 삶과 죽음의 현장에서 간접인 체험을 통해서 발심이 되어야 합니다. 내가 세상을 위하여 도움이 되는 삶을 살겠다는, 이런 큰 발심을 하게 되면 삶의 길에서 성취도 빠르고, 또한 우주 자연의 축복과 가피를 받으며 더 나아가 의식이 확장되어 큰 지도자가 될 것입니다.

물론 우리 삶의 현장에서 탐심을 다 내려놓는 것은 저 역시 부족합니다. 그래도 이런 마음을 가지면 일상에서 바르게 깨어나서 살고 상대에게 손해를 끼치지 않으며 실천하는 삶을 살아가게 됩니다. 지금 나에게 삶에 대한 질문이 일어나지 않는다면 아주 단순한 것부터 관심을 가져야 합니다. 메모와 사유를 통하여 내가 할 수 있는 것부터 실천하다 보면 자신감이 생기고 그것을 통하여 그동안 침묵한 내공이 나와서 진정 내가 하고 싶은 일을 할 수가 있습니다. 그것은 작은 것을 관심 있게 바라보는 습관에서 시작된다는 것을 나누고 싶습니다.

10. 영성 수행과 삶의 요점

우리가 이 지구에 온 목적은 우주 대생명의 자리인 순수한 인간의 본성을 회복하여 선한 마음을 고양하고 태초의 몸을 만들어 건강하게 사랑과 자비를 실천하며 나와 세상을 그리고 지구촌을 이롭게 하는 것입니다. 마찬가지로 우리의 영성 수행도, 일상의 삶을 살아가면서도 진전이 없는 것도 매사에 나를 중심으로 시작하고 살아가기에 발전이 더딘 것입니다. 그래서 영적 수행과 삶의 팁은 나보다 상대를 먼저 생각하는 이타의 마음을 갖는 것이 매우 중요하다는 것입니다. 우주 자연이 품은 내공은 먼저 베푸는 것입니다. 이것을 기본으로 하고 노력하면 주위에서 도와줄 수밖에 없습니다. 그런데 우리는 주변이 다 이기적으로 경쟁하는데 나만 이런 마음으로써 어떻게 될 수가 있겠냐는 생각이 들 수도 있습니다.

그러나 우리의 삶에 남는 것은 아름다움을 행한, 즉 선한 마음을 가지고 살았던 그것이야말로 보배 중의 보배임을 끝내 우리 자신은 알 수 있습니다. 영성 수행도 마찬가지인 것 같습니다. 앞아서 선행을 익혀서 지속하기는 쉽지 않습니다. 행하는 자비 속에 그 선과 악을 통해야 좀 더 실질적인 공부가 됩니다. 우리가 영성 수행을 하는 목적은 세상살이를 잘해내기 위함입니다.

11. 내가 지구촌 가족들을 행복하게 해주겠다고 발원하라

나를 잠시 내려놓고 그사이에 지구촌 가족들을 집어넣어서 다 행복하게 해 주겠다고 일단 어렵지만 한번 결심하여 봅시다. 어떠한 일이 일어나는지 자신을 들여다볼 수 있습니다. 이런 말씀을 드리면 좀 황당한 이야기도 될 수가 있을 것입니다. 자기 마음도 하나도 다스리지 못하면서 어떻게 한두 명도 아닌 지구촌 가족들을 내가 행복하게 할 수 있겠냐고 말입니다.

마음 그릇도 차근차근 키워서 올라가는 것이지 한 번에 되지는 않습니다. 제가 서두에 이런 말을 꺼내고 시작하는 것은 지금 우리는 예전과 달리 높은 지적 수준을 가졌고 논리와 개념을 이미 다 알고 있기 때문입니다. 이런 상태에서 늘 나를 위하여 수행하고 내가 행복하기를 위한 기도와 삶을 살기에 의식의 확장이 더디고 삶이 그렇게 즐겁지가 못한 것입니다.

내가 지구촌을 행복하게 하겠다는 생각은 이 지구에서 거룩한 영적 발원이며, 엄청난 기운과 에너지가 발현됩니다. 이런 마음을 내면 세상이 보이는 것이 다르고 들리는 것이 다르며 이는 역대 성인들이 가장 좋아할 마음입니다. 이런 마음을 내면 수행의 장애와 삶의 고통이 점차 사그라듭니다. 그토록 놓으려 하는 아상과 집착, 욕심, 망상과 분별심이 쉽게 떨어져 나갑니다. 또한, 몸 수행, 차크라도 쉽게 바라지 않았는데도 알아서 열리고 수련의 효과는 무척 큽니다. 일상의 삶에서도 이런 마음을 내면 늘 주변의 따스한 사람들이 함께하고 일도 알아서 풀리며 모든 일이 순탄하게 잘될 수밖에 없습니다. 우리가 영적 수행을 하고 일상의 삶에서 인간의 한계로 올라갈 수 있는 영적 수준의 깊이는 한계가 있습니다. 어느 정도의 궤도에서는 반드시 대자연의 에너지의 도움을 받아야 한 단계 올라갈 수 있는 그것이 바로 앞에서 말씀드린 내가 지구촌 가족들을 행복하게 해주겠다는 원력입니다.

깨달음으로, 행복으로 가는 팁은 우주 자연의 메시지와 공감하면서 가는 것입니다. 그런 사람이 지혜롭게 가는 것입니다. 어딘가에 매일 필요 없이 우리는 자연의 법칙 속에서 살아가기에 우주 자연을 아는 것이 나의 바른 삶과 인격을 성숙시키는 길임을 숙고해야 합니다. 우리가 공부하는 진리도 다 이 자연 속에서 사유하고 나온 것임을 아셔야 합니다.

물론 이것을 수련하는 과정에서 우주 자연은 반드시 장애를 주어서 더 심중을 강하게 그리고 크게 발심을 이어 가게 이끌어 줌도 아셔야 합니다. 이런 마음은 수행에 퇴보가 있을 수 없고 이런 마음을 가지면 어떻게 하면 좀 더 세상에 도움을 줄 수 있을까 하는 사랑과 자비심이 그냥 나오게 되어있습니다. 설사 내가 이것을 행하지 못하더라도 이런 큰 원력을 수행과 삶에 적용하여 정진하면 그 한 생각의 씨앗은 계속하여 우리의 몸과 의식 속에서 선한 인연의 씨를 심을 것입니다. '원력과 발원이 우리를 공부시키며 그 원력의 힘으로 우리 역시 성자의 삶으로 걸어가고 있습니다.'

12. 영적 수행과 삶의 경계에 섰을 때

수행과 삶에서 지금 내게 오는 경계는 다 인연이 있어서 오는 것입니다. 과거의 삶은 습기가 굳어오고, 이에 따라 지금 나의 의식이 확장되다 보니 이는 우리가 치러야 할 당연한 과제입니다. 그래서 수행이든 일상의 삶이든 어려움은 내치려 하지 말고 '그냥 받아들여서 디딤돌로 만들어야 거름 되고 약'이 됩니다. 저는 오랜 수행을 하면서 마장을 끌어안고 살았습니다. 처음에는 스승님도 없이 몸과 의식이 굳은 상태에서 수행하다 보니 몸만 완쾌되면 호흡과 수행을 놓고 싶은 마음도 있었습니다.

정말 몸이 아플 때는 수행도 다 귀찮은 것이 솔직한 심정이지요. 그런데 반대로 생각을 하여보면 장애가 온다는 것은 내가 소화해야 할 몫이고, 수행과 삶에서 이 정도 어려움을 넘지 않고서는 심지가 굳어질 수가 없습니다. 그러니 수행과 삶에서 오는 어려움은 다 깊은 뜻이 있어서 내게 오는 것이니 힘들어도 감사의 마음으로 받아들여 디딤돌로 삼아야 합니다. 긍정의 마음, 감사한 마음이 있다면 이런 힘든 장애가 오지 않겠지만 지금 내게 온 삶의 고난과 어려움, 이것을 내가 약으로 삼겠다는 마음으로 받아들이고 삶에서는 크게 생각하지 말고 단순하게 문제를 풀어야 합니다.

이것 역시 잠시 왔다가 지나가는 천둥 번개나 소낙비와 같은 것이며, 어느 것 하나도 멈추어서 지속하지는 않습니다. 단순하게 일상의 삶에 충실하다 보면 되는 것입니다. 그러면 먼 훗날 수행과 삶이 익었을 때 그 문제에 대하여 스스로 답을 찾을 수 있을 것입니다. 이래서 고난은 우리가 인생을 살아가는 신성한 약이기도 한 것입니다.

13. 수행이 깊어지고 삶이 힘들수록 번뇌는 줄어들지만, 경계의 난도는 더 높아진다

의식이 더 고요해지고 무의식(잠재의식)이 정화되면 수행은 진전이 잘 되어 가고 우리네 일상의 삶도 순탄합니다. 그런데 내 수행의 목표가 클수록 아직 장애는 도사리고 있다는 것입니다. 앞에서 수행과 삶의 요점에서 말씀드렸듯이 내가 지구촌 가족들을 다 행복하게 하겠다는 마음이 간절하다면 이 우주 공간에 그것을 이길 사람이나 이에 반기를 들 사람은 없습니다. 그러나 이런 경우는 있습니다. 너의 원력이 정말 강건한지, 늘 일상에서 사사로운 일이 담금질을 시키는 것입니다. 또한, 일상의 삶에서 남보다 더 경제적으로 높은 위치에 있을 때 역시 그 사람의 복덕을 시험하는 일들이 일어납니다. 그래서 평상시 늘 복과 덕을 나누어 주는 것이 어려움을 극복할 수 있는 유일한 길입니다.

그러니 수행의 길과 삶의 길에서 어떤 난관에 부딪히더라도 한 발 내디디고 좀 더 자유인이 되는 것은 오직 이 상대를 행복하게 해 주겠다는 마음이 묘약입니다. 이것이 모든 장애를 해소할 비법이며 또한 우리를 궁극의 행복으로 안내할 것입니다. 이 말에는 '사활을 건 혹독한 자기 정화의 시간이 필요합니다.' 이런 큰 서원을 발하고 여행을 떠나는 사람의 발자취를 통하여 우리는 거듭 발심의 시간을 가져야 합니다. 그리고 마음 한구석에 나도 인생의 길에서 한 번쯤은 상대를 위하여 나를 희생하는, 나에게로 떠나는 여행이 필요한 것입니다.

제 3 장

◇

수능엄삼매에 들어 부르는
깨달음의 노래

한 줄 명상

본성과 성령을 만나러 가는 선시

가을 하늘 맑은 날 종이비행기 타고 태초의 고향(본성과 성령)을 다녀왔네. 너무도 오랜 시간에 고향 가는 길이라 15일 동안 밤낮으로 정진하였네. 간절하게 준비하다 보니 고향 가는 길은 하루하루 조금씩 보이기 시작하였네.

처음에는 종이비행기가 잘 날지 않아 기류에 휘말려서 상승도 하여보지 못하고 하강을 하였지 다시 에너지를 넣어주고 운전을 하여 보니 태풍에도 그 연약한 종이비행기는 흔들림 없이 고향(본성과 성령) 상공을 한 바퀴 돌아 싸리문 울타리에 앉아 어머니(본성과 성령)를 불렀네, 하지만 너무 급한 마음으로 에너지를 추진하다 보니 종이비행기 몸체는 문제가 되지 않았지만, 내부의 엔진 기어를 변경함에(들숨과 날숨) 힘이 들어가서 섬세한 운전이 되지 못하다 보니 싸리문 안쪽 마당에 착륙하지 못하였다네. 다시 한번 만트라 명상으로 한 시간을 준비운동하고 그 에너지 축기로 하늘을 솟아올라 파란 가을 하늘(오온)을 비춰보며 고향의 툇마루에 어떠한 장애도 없이 착륙할 수가 있었다네.

툇마루에 앉아서 오온을 비추어 보니 나라고 할만한 것이 없었고 한 생각도 올라오지 않았으며, 어머니의 집(본성과 성령)도 어머니가 계신지 안 계신지 분간이 가지 않을 정도로 침묵의 시간이 흘러갔다네. 그 침묵의 시간 뒤에 나타나는 존재의 알아차림.

하지만 비록 불을 켜지 않고 계시지만 방안에 어머니(본성과 성령)는 계시리라 믿음이 올라왔고, 그때 나의 몸은 없고 심장은 멈춘 것 같았으며 숨소리는 겨우 폴짝폴짝 연명하는 정도였다.

어머니를 만나야 하겠다는 의식의 명료함은 너무도 선명하게 일어남과 사라짐의 시간만 흘러갔다. 이제는 어머니를 만날 준비가 되어서 문을 두드리니 어머니의 음성이 들려왔다. "그 문은 본래 없는 거란다. 밀고 들어오너라." 칠흑의 어둠 속에서도 어머니는 예전 그대로 늙지도 그렇다고 변하지도 않은 본래의 모습을, 시공을 초월한 공간에서도 훤히 맑고 밝게 그리고 똑똑하게 인식이 되었다.

어머니(본성과 성령)는 우주 법계에 아니게 신 곳이 없었고, 이것이 법신임을 알았다. 온통 우주 법계가 다 어머니(본성과 성령)로 충만했다. 한 생각도 일어나지 않는 의식과 이 몸의 존재감마저도 느끼지 못하는 온통 본성과 성령의 품에 들어서 오직 알아차림의 순수의식을 체험한 이야기입니다.

1. 시작 없는 시작부터 우린 이미 부처였다
(본성과 성령은 이미 존재하고 있었다.)

깊은 선정에 들어 '증하여 보면' 우린 이미 부처였음을 확인할 수 있다. 시작 없는 시작부터 우린 이미 본성과 성령과 함께했다. 다만 분별심 때문에 무명의 삶을 살고 있다. 그 부처를 '확인하는 방법은 분별로는 다다를 수 없고 오직 무심'하면 드러난다.

❖ 덧붙임: 이치와 관념으로 공감하기 어렵고 오직 순수의 의식일 때 명백하게 증명할 수 있다.

2. 태초에 알아차림이 있었다

선 불교적으로 표현하면 텅 빈 공을 응시하는 자가 존재한다. 이것은 시작을 알 수 없는 시간부터 존재하고 만물을 주재하며 없는 듯이 있고 너무 가까이 있다 보니 때론 보지 못한다. 그것은 '알아차림'이었다.

본성과 성령은 본래 텅 비어 어떤 말과 이름으로 설명할 수가 없으며 본성에는 사념이 존재하지 않으니 거기에는 마음도 걱정도 존재하지 않는다. 여기에는 순수한 각성의 의식만 존재한다. 공(본성과 성령)에서 한 티끌(에고)이 나와 희로애락을 펼치다 공(본성과 성령)의 성품으로 돌아간다. 공성은 부동이며 무이였다(본성과 성령은 시공간을 초월하며 둘로 나누어지지 않는다.).

3. 들숨이 솜사탕처럼 가볍고 세밀하다

몸은 완전히 이완되어 많은 양의 산소가 필요치 않고 그러하니 몸은 더 구함을 요구하지 않는다. 끝내는 들숨과 날숨을 구분하지 못했고 내 몸이 있는지 없는지 분간이 가지 않았다. 몸은 에너지 길이 열리니 이완되어 망상을 담지 않는다(번뇌와 망상이 없다.).

또한, 막힘이 없으니 멈추어서 강을 만들지도 않으며(산란한 생각), 자연스럽게 흘러가니 상이 만들어지지도 않도다. 모든 게 순리적으로 조절되니 꽃은 스스로 피어나더라(자연스럽게 삼매에 진입된다.).

❖ 덧붙임: 일곱 개의 차크라가 이완되고, 교차 호흡과 일곱 개의 천상의 음이 들숨을 솜사탕처럼 가볍게 만든다(이 세 가지가 삼매와 깊은 묵상 진입의 팁이다.).

4. 들숨과 날숨이 고르니 떨어지는 폭포수에
물방울이 일지 않는다

들숨과 날숨이 고르니(구분되지 않음) 떨어지는 폭포수에 물방울이
일지 않는다. 그만큼 들숨과 날숨에는 이미 자기의 에고가 없다 보니
너무도 가볍다. 호흡이 깊어지니 천지의 숨결과 하나 된다(우주 자연과
합일이 되니 에고는 존재하지 않음).

❖ 덧붙임: 호흡은 내쉴 호(呼)와 들이마실 흡(吸)인데 여기에서 중요한 것은 내
    쉬는 것이 먼저요, 들이마시는 것은 나중이라는 뜻입니다. 이 자연
    계 역시 어떠한 것도 대가를 바라지 않고 먼저 베푸는 것이 자연의
    순리입니다(우주 자연이 이미 사랑과 자비심으로 운행하고 있다.).

5. 오온이 해체되니 허공 달 (본성과 성령) 이 투영된다

천상의 음 만트라 덕으로 오온(색수상행식)의 몸이 금세 해체되니 색의 나(아상, 중생 상, 수자상)는 찾을 수가 없다. 몸이 사라지니 나라는 것(색의 나)도 더불어서 존재하지 않는다. 나와 몸은 도대체 어디로 갔단 말인가? 나와 몸이 이완되니 허공달(본성 성령)은 초승달에서 점차 보름달로 투영된다. 법계가 온통 보름달(본성과 성령)로 충만하다.

❖ 덧붙임: 몸과 의식이 이완되면 짧은 순간이어도 명상과 묵상의 맛을 경험하지만 반면에 몸은 이완되지 않은 상태에서 행하는 명상과 묵상은 그렇게 진척이 없고 영험도 느껴보지 못한다(끝내는 우주 자연의 키워드가 이완임을 자각하면 수련은 자연스럽게 깊어진다. 예로 따뜻하면 익어가고 열린다.).

6. 한 생각도 일어나지 않는다

오온이 사라지고 몸의 느낌이 사라지며, 다음에 한 생각이 나오지 않는 무염의 경지가 찾아온다. 한 생각은 어떻게 나오지 않는 것인가? 몸과 의식이 분리되지 않으면 즉 사마타와 위빠사나가 하나가 되면 점차 한 생각도 나오지 않는다. 그것은 이완되면 몸과 의식에 작용(번뇌 망상)을 만들지 않는다. 허공에 벽을 만들지 않으면 나툴(번뇌 망상) 것이 없다. 온통 허공(공성 성령)으로 충만하다.

❖ 덧붙임: 이 말은 과학자도 수용하기 힘든 말이지만 영성 수행자만이 증명할 수 있다. 몸과 의식이 자연처럼 걸림이 없으면 나툴 것이 없다. 마치 청명한 가을 하늘에 구름 한 점 없듯이….

수능엄삼매에 들어 깨달음을 노래하다

7. 무염이 되니 무심이 되다

생각으로 생각을 없앨 수는 없다. 다시 말하면 사념을 만들지 않으면 쓰레기가 생기지 않기에 쓰레기통이 필요치 않다는 이야기다. 인간은 생각하는 동물이기에 뇌 신경학적으로 미세한 생각을 완전히 없애는 것은 불가능하다고 과학자들은 이야기하지만, 이것은 깊은 명상을 체험하지 못하여서 하는 말이다. 애초에 무심하고 무의식을 청소하고 인간의 몸과 의식을 태초의 순수로 회복하여 놓으면 단 오분 안에 무심이 되고 무염이 가능하다. 깊은 선정에서 무염에 자주 들면 인간의 영혼은 스스로 업장이 정화되고 대비심의 마음이 늘 흘러나와 보살의 삶이 실현된다. 이럴 때 머무름 없는 마음이란 이때를 말하는 것이다.

❖ 덧붙임: 본성과 성령의 자리는 무한한 사랑과 자비심이 나오기에 양심적인 행동은 스스로 우러나오게 본래 그렇게 프로그램화되어 있다.

8. 오온을 비추어 보다에 지심귀명례가 절로 나온다

　지금 우리의 눈에 보이는 것이 실제로 존재한다고 하는 실 집으로 인하여 무명의 어리석은 삶이 시작됩니다. 그러나 우리가 나라고 여기는 오온을 분석하여 보면 끝내는 나라고 할 만한 것이 없다는 것입니다. 모든 것은 독단적으로 존재하지 않으며, 원인과 조건으로 연기로써 상호 의존하기에 자성이 없고 다만 작용은 있되 이름 붙였을 뿐임을 이해하고 이것을 깊은 선정에 들어 스스로 확인을 증하여야 그것에 대한 확신을 가질 수 있습니다. 반야심경은 깊은 삼매에 들어 오온을 비추어 보고 공의 실상을 바르게 이야기하고 있기에 이 오온을 비추어 본다는 말은 아주 심오한 이야기임을 수능엄삼매에 들어보니 지심귀명례가 절로 나오네. 깨달음은 스스로 드러나는 것이기에 늘 상대에 맞게 비추어지는 거울의 마음이다.

9. 들숨과 날숨 사이 정지에서
초승달의 공성 (본성과 성령) 을 체험할 수 있다네

호흡은 가장 쉽게 공을 체험하고 궁극의 깨달음으로 가는 핵심입니다. 들숨과 날숨 사이에서 정지하여보라. 들숨의 끝과 날숨의 시작점에서 알아차림을 하는 순간 초승달의 공의 체험할 수 있다네. 점차적으로 알아차림의 느낌을 섬세하게 느끼다 보면 그 의식을 확장할 날이 온다네. 이것은 가장 이른 시간에 정확하게 공을 체험하는 실질적인 방법임을 기억해야 한다네.

10. 텅 빈 공성 (본성과 성령) 에서 황홀감과 지복감이 이어지다

인간이 느낄 수 있는 최고의 맛은 선정의 맛이다. 이성적인 맛과는 비교될 수 없다. 이것이야말로 우리가 이 지구에 와서 느껴보아야 할 가장 성스럽고 고귀한 일이다. 인간 영혼의 성숙은 이것을 체험하므로 깊어진다. 본성과 성령을 깊숙하게 체험하면 인간은 끝내 순한 양이 된다.

❖ 덧붙임: 이것을 깊숙하게 체험하지 않고 진리를 이해하는 것은 수박 겉핥기를 공부하는 것이기에 본질을 따르지 못하고 외형적인 행위로는 갈 길이 아직 멀다.

11. 감미로운 호흡이 공 (본성과 성령) 으로 가는 마중물이다

호흡의 느낌만으로도 삼매의 진입이 판가름난다. 깊고 세밀하고 섬세하여야 알아차림이 깊어진다. 마치 날카로운 연필심처럼 이것은 무엇을 의미하는가? 바로 무심과 무염이 되게 하며 그리고 정염으로 이어진다. 감미로운 호흡이 생명줄임을 명심하라!

❖ 덧붙임: 감미로운 호흡은 몸과 의식이 이완되는 만큼에 따라 감미로운 호흡이 된다.

12. 우리는 분리되지 않은 한 몸이며, 이미 연기하고 있었다

나는 산소와 물이 들어와야 존재할 수 있다. 우린 자연과 내가 분리된 줄 착각하고 있었으며, 산소와 물 음식이 들어오지 않으면 나는 존재할 수 없다. 나는 이미 상대의 도움으로 살아가고 있기에 내가 할 일은 오직 감사와 상대를 이롭게 하는 길이 자연에 보답하는 길이며, 우린 이미 분리될 수 없는 한 몸이며 연기하고 있었다. 그러하기에 마땅히 보리심을 일으켜야 하며 원수를 사랑해야 한다.

❖ 덧붙임: 일반적인 본성과 성령을 경험하여도 마지막 구절은 좀 난이도가 깊은 사유의 말이다. 어지간히 깨달아서 이 정도 실체를 보고 말하기는 쉽지 않다. 이것은 오랜 세월 연기법을 문사수한 결과로 나오는 체득의 오도송이다.

13. 근접 삼매로 주변을 얼마나 배회했나?

태초의 고향 가는(본성과 성령) 길이 멀고도 길었다. 저만치 고향의 동구 밭을 보고도 수없이 주변을 맴돌다가 퉤 전하기 그 얼마인가? 몸과 의식이 이완되지 않으면 깊은 선정과 묵상으로 들어가도 이어지지 않는다. 그러나 결과보좌로 적어도 두 시간 이상 앉을 수 있으면 몸은 조복 받았기에 근접 삼매에서 벗어날 수가 있다.

❖ 덧붙임: 수능엄삼매의 진입은 돌이켜보면 그렇게 쉽게 접근을 허용하지 않았다. 그러나 방법은 조건을 만들고 큰 원력을 지니고 꾸준히 하는 길밖에 없다. 결과보좌의 자세는 우주의 숨결과 동행하고 인간의 권능은 이 자세로 연마되기에 힘들어도 꾸준히 결과보좌로 앉는 연습을 하여야 한다.

14. 몸과 의식이 조화로워야 허공 달 (공성) 이 투영된다

그래도 좌절하지 않고 꾸준하게 참선하다 보니 천지의 조화인가 이렇게 가을 단풍이 요묘하게 물들이고 구름 한 점 없는 티 없는 맑은 날 원하지도 바라지도 않은 가을 풍광이 그대로 깊은 삼매이다. 그 누가 알라 저 만산홍엽의 극치를 이심전심이 되어 마주하니… 몸과 의식이 조화로워야 '허공 달(공성)이' 투영된다네.

❖ 덧붙임: 수련에 진척이 없어서 3일 단식과 관장까지 한 상태에서 깊은 수능엄삼매를 체험하고 나와 청명한 가을 하늘을 마주하니 일체의 번뇌 망상이 없는 순도 100%의 마음 상태와 가을 하늘은 일맥상통하였습니다.

15. 투명한 가을 하늘은 그대로 본지 풍광이다

저 맑은 가을날 붉은 단풍이 그대로 '공의 색의 나눔이요.' 저 티 없는 가을 하늘이 그대로 깊은 선정이다. 아침의 안개는 번뇌 망상이며, 흰 구름과 먹구름이 사라진 투명한 가을 하늘은 그대로 본지 풍광이다. 또한, 너무도 투명하기에 티끌 하나 들어설 자리가 없네! 이것이 '공의 본 모습'이네.

❖ 덧붙임: 본지 풍광이란? 어떤 번뇌와 미혹이 없는 깊은 경지를 말함 (부처의 경지)

16. 수능엄삼매의 위력

    수능엄삼매에 들고나서 선정의 힘은 지속된다. 60조의 세포가 평화로우니 '한 생각도 일어나지 않고' 또한, 번뇌 망상을 담지 않는다. 행주좌와 어묵동정 어디에서나 애쓰지 않아도 일심이 지속된다. 숨 쉬는 게 이리도 평화롭다. 주변이 아무리 시끄러워도 흔들리지 않는다.

❖ 덧붙임: 연이 바람에 처음 뜨기가 힘들지 일단 상승하면 바람의 기류에 의하여 자연스럽게 날 수 있듯이 수능엄삼매 역시 이와 같았다 (스마트폰에 음악을 틀어도 마음은 움직이지 않아 명상을 이어갈 수가 있었다.).

17. 세포가 평화로워야 (요구 사항이 없어야) 깊은 선정과 묵상에 들 수 있다

무슨 뚱딴지같은 소리냐고 말할 수 있으나 우리는 세포의 숨소리에 집중하지 않았다. 세포는 그동안 우리에게 무엇을 원했던가? 고운숨결을 바탕으로 고운 파동을 듣고 싶어 했다. 고운 파동을 들려주면 율동 한다. 그 덕으로 몸과 의식을 이완하여 깊은 선정으로 안내한다. 그렇다. 우리가 소홀하였던 것은 세포의 절규를 듣지 못하고 한지붕 두 가족으로 살아왔다는 것이다. 마음은 세포의 운동성이다. 세포는 에너지 파동으로 의식을 만든다. 의식은 에너지 파동으로 몸에 작용한다. 오온은 세포의 표현이고 더 근원은 세포임을 알아야 일체의 미혹에서 벗어날 수가 있다(몸과 의식의 연기법으로 무명에서 벗어난다.). 이제는 그 세포의 소리를 들을 때가 왔다.

❖ 덧붙임: 우주 자연의 법칙 진동을 사유하고 이것을 토대로 우주 자연 시공의 생명 소리를 압축하여 만든 것이 옴과 흠이다. 이것이 진화하여 만들어진 것이 옴아훔 만트라와 일곱 개의 천상 음이다. 우리가 그동안 소홀하고 놓쳤던 것 이것을 염송하면 몸과 의식은 금세 평화로워 이완 상태로 진행되어 태산 같은 업장도 봄바람의 마술로 녹아내리게 함을 이제는 공부하여야 할 시기이다.

18. 공을 체험하면 모든 분별 사라지고 본성 많이 부활한다

　깊은 삼매에 들고 보니 본래면목(본성) 의식뿐이네 이렇게 헤아
릴 수 없는 나의 업은 녹아내리고 본성 많이 부활하네! (알아차림이
깊어지니 번뇌와 망상은 사라진다는 말) 공을 깊숙하게 확인하면 모든
시비분별에서 떠난다네.

19. 우주의 보약 감로수를 공양받는다

　깊은 삼매에서 나오는 단침은 우주 그 어디에서도 찾을 수 없다네.
팔만사천의 번뇌가 사랑과 자비로 바뀌는 순간에만 허락하여 만들
어내는 '신비의 영약이라네.' 이것을 모았다 삼키면 천 년 동안 암흑
의 동굴에서도 빛을 밝힐 수 있는 만병통치약이라네. 적어도 영성 수
행자의 길을 가면서 이 감로수를 공양받아야 한다네. 이거 역시 공성
(본성과 성령)을 보게 하는 길가에 코스모스처럼 만나는 과정이라네.

❖ 덧붙임: 몸과 의식이 이완되면 입천장에서 단침이 나온다. 이것이 불로
　　　　장생하는 영약이다. 단침은 효소 덩어리며 천연억제제 역할을
　　　　하고 인체에 세포를 도와 면역력을 강화한다. 결국, 인간의 몸
　　　　과 의식이 대자연의 뜻에 맞으면 감로수를 마실 수 있고, 이것
　　　　으로 건강하며, 보살의 길을 갈 수 있는 지혜를 부여받게 된
　　　　다. 최악의 상황에 이것을 삼키면서 몸을 지탱할 수도 있다.

20. 법계의 성품은 텅 빈 공성이었지만
그것을 떠받치고 있는 것은 보리심이었네

한 꺼풀 벗기까지 견고하던 에고는 사랑과 자비심으로 이완되어 결국 보리심에 무너지네! 법계의 성품은 텅 빈 공성이지만 그것을 떠받치는 것은 보리심이었네! 이 단단한 보리심으로 체로 삼고 서 있기에 공성은 시공간을 초월하여 비친다네.

❖ 덧붙임: 깊은 선정에서 우주 자연과 합일되면 우주 자연이 보리심, 즉 이타심으로 운행하는 것을 체득할 수 있다.

21. 공은 태어나지도 않고 그렇다고 보태어지지도 않는다

텅 빈 공성은 태어난 적도 없고 그렇다고 보태어지지도 않는다. 한 줄기 깊은 강물이 소리 없이 흘러간다. 수량은 무량수이고 깊이 또한 무량수이다. 이 물은 나지도 줄지도 않고 그렇다고 없어지지도 않는다네. 오직 그것을 보는 자만 있을 뿐이네.

22. 공의 자리는 그 어떤 것으로도 이름을 붙일 수 없다네

천 길의 물속은 한 호흡의 깊이만큼 깊지도 않고 그렇다고 얕지도 않다. 깊고 얕음이 본래 없었다. 일체의 군더더기 본래면목 자리에선 그 어떤 이름도 붙일 수 없다네. 다만 소소영영과 진공 묘 유라 전할 뿐이다.

❖ 덧붙임: 깊은 선정과 묵상에 이르면 텅 비고 말고 밝은 것을 인식하는 아는 자가 존재한다.

23. 피부호흡으로 더 깊이 들어가라

어릴 적 아이가 돌 전에 숨 쉬던 태식 호흡이다. 천문(백회)에 의념을 두어 들숨을 온몸 외부의 피부로 하는 것이다. 아직 근접 삼매일 때 몸과 의식을 더 순일하게 하려면 피부의 외부로 호흡을 반복하다 보면 점차 몸과 의식은 균형이 맞추어질 때가 온다. 곧 구름이 걷히고 청산이 드러나듯 아주 선명한 본래 본성과 마주할 것이다. 이것이 되려면 일곱 개의 신경이 다 이완이 되어야 한다.

❖ 덧붙임: 백회에 의념을 두어 들숨을 외부의 피부로 하면 일단 몸은 더 금세 이완 상태로 들어가서 온몸이 불덩어리가 되며, 의식 또한 일념이 순일하게 이루어진다. 피부호흡을 하면 등에서 특히 방광이 크게 일어나며 우주 자연과 합일도 순차적으로 진행된다. 그렇다고 하여 백 퍼센트 깊은 선정으로 들어가지 못할 때도 있다. 그만큼 몸과 의식의 균형은 사람의 상태에 따라 다르기에 꼭 이것이 최고의 방법이라고 말할 수 없다.

24. 정염은 지속하고 정지로써 내면을 관찰하라

수능엄삼매에 들면 일어나고 사라짐만 그것을 지켜보는 자만 존재한다. 알아차리는 의식은 호흡의 조절을 통하여 깊은 선정의 내면을 지켜본다. 정염은 지속하고 정지로써 내면을 관찰한다.

25. 빛난다, 백호 광명이여, 본성에서 아미타로 나가는 것을

미세 망념도 없고 한 생각이 일어나지 않으니 축기된 에너지가 현현 자제하게 내 단전에서 시작되어 명문의 척추를 타고 시계방향으로 회전하여 두상으로 솟구친다(에너지). 온몸이 따끔거리며 인당은 벌름거린다. 이렇게 불광이 가슴과 등으로 그리고 백호 두상으로 퍼져 나간다. 우주의 법신 본래의 자리 아미타로 나가는 것을 내가 아미타불이다.

❖ 덧붙임: 내가 무량수 무량광불임을 확인하는 방법은 깊은 선정에 들어 본성을 확인하면 무량수임을 증명할 수 있고 내가 무량광불(아미타)임을 확인하는 방법은 일곱 개의 에너지 신경에서 일곱 개의 무지개색을 발광함을 경험하는 것이다. 빛은 입자이며 파동이기에 결국 우리는 빛과 연기하며 빛에서 와서 빛으로 돌아간다. 그리고 사람에 따라 각 차크라에서 발하는 빛속에서 빛의 알갱이와 빛 송이가 움직이는 것을 확인한다. 이미 모든 원자가 진동으로 율동하고 있음을 수련에서 증명할수가 있다.

과거 전생에 수련이 깊은 사람은 어릴 적에 무지개색의 광채를 보면 수천년 전의 의식이 깨어나서 과거 공부의 힘을 발휘하여 우리 곁에 스승으로 오신다 (태양을 중심으로 모든 생명은 상호의존한다.)

26. 다만 이름 붙였을 뿐이라네

　들숨은 날숨에 연기로 존재하고 독단적으로 존재할 수 없음을 확인하네! 들숨이 원인과 조건 되어 날숨이 이루어지네! 위장은 심장에 의존하고 심장의 열기는 신장이 시켜준다네. 이처럼 몸과 의식을 연기를 보아야 이 물질세계의 문제점을 해결할 수 있는 지혜를 얻을 수 있다네. 결국, 우리가 아는 그 정도의 연기법으론 부처님의 깊은 지혜를 헤아릴 수 없기에 늘 사물에서 연기법을 궁리하여야 한다네. 그러므로 무아이며 다만 이름 지어질 뿐임을 호흡에서 증명하네.

❖ 덧붙임: 몸과 의식의 연기·우주 자연과의 연기, 그리고 지구촌의 연기
　　　　그 시작점은 호흡이며, 이름 지어진 것임을 끝없이 사유해야
　　　　지혜를 찾을 수 있다.

27. 수능엄삼매 집중의 힘

번뇌와 망상이 선정 중에 일어나지 않음이 가능한가? 흑자들은 의구심으로 되물을 것이다. 어떻게 명상 중에 인간의 육신에서 미세 망념도 일어나지 않을 수가 있단 말인가? 스마트폰을 틀어도 소리는 들려도 들숨과 날숨에 집중이 순일할 뿐 어느 것도 방해받지 않는다. 일어남과 사라짐만 존재한다. 일주일이 지나도 앉기만 하면 바로 깊은 선정에 들어 태초의 순수의식을 체험한다. 이처럼 원인과 조건이 성숙하면 꽃은 스스로 피어난다네.

❖ 덧붙임: 역대 성인분들은 여기에서 더 깊이 들어가 사후의 세계를 의식으로 체험한다. 자비도 이것을 의식으로 확인하고 싶어 시작하였으나 일찍 샴페인이 터지는 바람에 중도에 멈추고 말았다. 하도 작금의 세상은 사후세계를 불신하기에 이런 것을 체험하는 선지자가 나와서 중생들을 일깨워야 한다. 경전의 내용은 사실이다.

28. 명심 견성은 사실이다

깊은 삼매에서 이제 그만 나와야겠다고 의식을 일으키고 삼매에서 나온다. 더 명상을 이어감이 그다지 얻은 바가 없기에 나와 보네 두상은 들숨에 신경이 다 움직여서 백회로 모여짐이 느껴지기에 그렇게 맑고 투명하다. 가슴은 텅 빈 것 같으면서도 충만하고 환하게 밝게만 느껴진다. 이름하여 명심 견성이라 이것은 사실임을 증명한다. 이런 지복감은 한동안 지속하다 점점 얇아진다.

이것이 성인의 가피와 축복을 받는다고 말하는 것이다.

❖ 덧붙임: 궁극의 의식은 지금 이대로의 모습이다. 자비 광명은 본래 맑고 밝아 그 의식을 확인하는 것이다.

29. 실상의 자리 (공성) 는 이름도 붙일 수 없고 오염도 되지 않는다

한 생각이 일어나지 않으니 하늘도 땅도 존재하지 않는다. 여기에는 열반이니 윤회도 이름을 붙일 수가 없다. 보리심으로 체로 삼고 연기 공성을 용으로 삼으며, 알아차림을 이어가니 사념의 잔해들이 안개 걷히듯 드러난다. 여기에다 신성한 에너지가 뒷받침하여주니 가을 하늘의 청명 도는 헤아릴 수 없이 선명하다. 이렇듯 공의 자리는 본래 맑고 밝아(오온이 없기에) 그 무엇으로도 오염되지 않네! 이것이 우주 자연의 성품이라네.

30. 오직 지금만 존재한다네

　실상(공성)의 가을 하늘이 투명하니 오온의 흰 구름 종적을 감추고 울긋불긋 탐진치 삼독심도 수를 놓지 못하네! 실상의 자리(본성과 성령)를 주체적으로 알아차리니 나와 대상이 분리되지 않아 오직 지금만 존재하는 것을. 깨어있어라! 그래서 그 깨어있으므로 살아가면 더 이상 상(번뇌 망상)이 붙지 않는다.

31. 묘유 수련 (일명 항아리 호흡) 으로 선정을 이어간다

수능엄삼매에 진입하기 위해서 피부호흡과 항아리 호흡은 그때그때 몸과 의식의 균형을 맞추게 하기에 도움이 되며 깊은 선정 시에도 묘유 수련은 횡격막 호흡이기에 선정을 이어가는 데 효과적이다. 이런 것은 정하여서 하는 것이 아닌 그 상황에 맞게 선정이 순일하게 이어짐을 척도로 삼아야 한다.

❖ 덧붙임: 깊은 명상 시 들숨을 단전까지 내리지 않고 들숨을 등으로 날숨을 가슴으로 거리가 단축되어 집중이 순일하다. 사람과 환경에 따라 단전으로 내릴 때가 더 깊은 선정으로 이어질 때도 있기에 그 상황에 따라 적절하게 깊은 명상과 묵상이 이어지게 함을 우선으로 하여야 한다(이것은 도교에서 사용하는 말이며, 성명 쌍수 수련에서 만나게 된다.).

32. 박하 향이 온몸을 감고 돈다

수능엄삼매에서 내뿜는 향기는 박하 향이 온몸을 감싸고 돌고 각종 향냄새가 진동한다. 육신이 법신으로 변화하니 진리의 향기가 자연스럽게 드러난다.

❖ 덧붙임: 인간의 육신이 우주 자연과 합일을 이루니 60조의 세포가 찬탄하는 또 다른 진동의 표현이며, 일체의 에고가 없으니 우주 자연과 합일의 꽃비와도 같다.

33.   수능엄삼매에 드는 과정은 섬세한 수공예 작업과 같다

- 너무 과도하게 깊은 선정에 들어야 한다는 집착에서 벗어나야 한다.
- 너무 호흡을 과하게 밀어도 아니 되고 그렇다고 너무 느리면 집중이 흐려진다.
- 화두에 너무 의염을 강하게 두면 경직이 된다. 이처럼 몸과 의식을 자연스럽게 하여야 한다. 선정의 요소와 장애의 요소는 몸과 의식에서 저절로 일어나며 선정의 요소가 강하면 삼매로 이어지지만, 반면에 장애의 요소가 강하면 번뇌와 망상이 나오기에 명상 중에 계속 반복되고 있다. 시간이 흘러도 집중이 순일하지 못할 때는 명상에서 나와서 산책을 하며 몸과 의식을 이완시키는 것이 중요하다. 그러므로 수능엄삼매에 드는 과정은 섬세한 수공예 작업을 반복하는 과정의 연속이다.

❖ 덧붙임: 따뜻한 봄날에 꽃망울이 개오하는 것을 연상하면 됩니다. 따뜻한 봄날이 원인과 조건으로 꽃은 이완되어 꽃망울이 열린다.

34. 미세한 망상은 공성을 움직이지 못했다

청명한 가을 하늘에 미세한 구름은 비를 만들지 못하듯이 미세한 망념은 존재하나 가을 하늘을 가리지 못하였다. 또한, 가을 하늘과 미세한 구름은 함께 존재하였지만 밝은 태양이 비추니 흔적도 없다. 에고와 공은 같이 존재하나 알아차림이 에고를 사라지게 하였다. 제8식의 미세한 습기와 망상은 계속하여 '선정의 알아차림의 힘이' 지속하면 스스로 사라진다.

35. 수능엄삼매를 통과한 사람 많이 반론을 제기할 수 있다

조사선은 화두를 들어 관념으로 돈오한다. 역대 수많은 조사님이 부처의 관문을 통과하였는데, 본성을 증하고 나서 사중 득 활(죽었다 살아나는 경지)을 지나 제8 아뢰야식에 미세 망념이 없어야 한다고 증한다.

그런데 애초에 무심하면 즉 모를 뿐을 하면 8식의 창고는 텅 비는 것을 삼매를 통과한 사람 많이 반론을 제기할 수 있다. 굳이 여러 단계가 필요치 않다. 그리고 미세한 망념을 화두를 들어 없애라고 하는데 한 생각도 일어나지 않는 경지에 올라서 다시 오온의 한 부분인 화두를 든다는 것은 좀 '두루뭉술한' 이야기다. 여기에서는 오직 모를 뿐으로 실오라기 같은 미세 망념을 제거할 수가 있다(이런 이야기가 통용되는 것은 깊은 선정을 체험하신 분이 나오지 않기 때문이다.). 단순히 깨닫기는 쉽다. 그러나 그것에 원력이 없는 깨달음은 나와 상대를 변화시키지 못한다.

36. 궁극에는 화두마저 놓고 선정의 힘으로 항해를 이어가야 하네

　화두는 본성에 이르는 내비게이션이다. 기초에서 중심까지만 필요하고 그다음부터는 스스로 불이 일어나서 타올라야 무염이 되듯이 그 무형의 에너지(본성)는 온 바가 없기에 발자국을 남기지 않는다. 궁극에는 화두마저 놓고 선정의 힘으로 항해를 이어가다 보면 빈 항아리에 울림이 일어나 그 지복감이 나와 주변을 적신다네, 이런 과정을 통해야 삶의 습기는 스스로 줄어든다네.

❖ 덧붙임: 바른 선정과 묵상에 들어야 우주 자연이 품고 있는 사랑과 자비심을 자각할 수 있다. 그래야 자신의 양심이 발동하여 육바라밀을 실천하지 않을 수 없고 멈추어 있을 수가 없다. 취하는 선정과 묵상은 자비심이 일어나지 않아 상대를 이롭게 하지 못함을 분명하게 자각하여야 한다. 이러한 이유는 기본적인 자연 공부가 없다 보니 의식의 확장이 더는 일어나지 못하는 폐단을 오늘날 가져왔다. 그러하니 우리가 소홀하였던 공부를 통하여 우리는 자비심을 키워야 한다.

37. 우주 에너지의 도움이 필요하다

인공위성이 달나라에 안착하고 지구와 교신에 성공하는 과정은 수많은 과정이 필요하다. 그렇지만 핵심은 대기권을 통과할 수 있는 추진력을 바탕으로 4번의 분리 속에 달에 도착하듯이 수능엄삼매에 드는 과정도 우주 에너지의 도움이 절실하다. 그것은 우주 공간에 이미 풍성하게 존재할 뿐이다. 이것을 이용하면 자연스럽게 달나라(본성과 성령)에 도착할 수 있다. 이것은 몸과 의식을 이완시켜 단점을 장점으로 만들어서 수행의 장애를 선정의 이로움으로 바꾸어 준다네. 이처럼 방법은 유사하니 참고를 해야 하며 에너지의 도움 없이 정상에 이르기는 그만큼 시행착오를 반복해야 한다네.

38. 한 생각이 일어나면 윤회는 존재한다네

한 가지 생각이 일어나지 않으니 만 가지 행이 공으로 돌아가네! 진재(진리) 차원에서는 시작 없는 시작만 있었을 뿐 나툼이 없다네 그러나 무명의 중생에겐 윤회와 육도는 존재한다네. 한 생각이 일어나면 윤회는 존재한다네.

39. 장애의 요소가 줄어들면 선정의 요소는 자연스럽게 깊어진다

삼매에 드는 조건 중의 하나가 아랫배가 비워져야 한다네. 다시 말해 위와 장에 음식물이 가득하면 청명이 드러나지 않는다. 아랫배가 말랑말랑하니 들숨이 깊이 들어간다. 호흡이 감미로워지면 몸과 의식을 순간적으로 이완시킨다. 이때 느낌은 선명하니 선명해야 깊이 들어간다. 거친 호흡에서 감미로운 호흡으로 되면 반은 성공이다. 이렇게 장애의 요소가 줄어들면 선정의 요소는 자연스럽게 깊어진다.

☀ 호흡을 단전까지 깊이 밀어야 의식이 고요하여지는 것은 호흡과 의식
　은 연기하고 있기 때문이다.

❖ 덧붙임: 폐와 등 가슴에 그리고 단전에 미주신경이 연결되어 있다. 백회와 천골(엉치)은 하늘과 땅의 기운과 소통하여 인간과 대자연은 그렇게 연기하고 우리의 오장육부도 우주 자연과 밀접하게 색으로 연기한다. 인체의 일곱 개의 신경이 회복되면 우주 자연과 교감하여 영성을 꽃피울 수 있다.

40. 정염이 되니 무염이 되고 무주로 머문다

들숨이 하늘 같고 날숨이 땅과 같다(일체의 군더더기 떨어져 나간 투명한 호흡의 상태). 둘만이 조화롭다. 함께하되 적당한 거리에서 서로를 지켜본다. 둘은 하되 한 바를 남기지 않는다. 정염이 되니 무심이 되어 무주로 머문다. 그 어떤 것도 이 상태를 흔들지 못한다.

❖ 덧붙임: 마치 청명한 가을 하늘은 비구름을 만들지 않듯이 흰 구름만 가을바람을 타고 흘러간다. 가을 하늘은 그 어떤 것에도 현혹되지 않는다.

41. 어떤 실체가 있는 것이 아닌 연기로 존재함을 몸과 의식을 통하여 체득한다

에너지가 충만하니 인당혈이 펄떡거린다. 들숨이 원인이 되어 에너지를 만들고 날숨에 에너지를 배출한다. 그렇다. 산소와 몸은 서로 상호의존하는 것을 원인과 조건으로 인과 연으로 작용을 만들고 있다. 그러나 어떤 실체가 있는 것이 아닌 연기로 존재함을 몸과 의식을 통하여 체득한다. 우리가 하는 호흡이 우주 자연과 나를 둘인 것 같지만 하나로 연결하고 있다는 지혜가 깊어져야 그것이 수행의 결실로 이어지게 한다는 것을 체득해야 한다.

42. 아하~ 신비롭고 신비롭다,
어떻게 이 공의 자리를 찾았을까?

어떻게 이 본성과 성령의 자리를 찾을 수가 있었을까? 그것이 불생
불멸 한다는 그 먹구름 속에 보석처럼 빛나는 여의주를 어떻게 찾아
낼 수 있었을까? 생각하여 보면 놀라운 일이다. 우리가 할 일은 오직
발 보리심을 일으켜 일체중생을 다 행복하게 하는 것뿐인 것을 그것
이 우주 자연에 보답하는 길이며, 이 땅에 인간의 몸을 받아 마땅히
할 가장 거룩한 일이며, 가장 존중받아야 할 일이다.

❖ 덧붙임: 인간만이 찾을 수 있고 인간만이 느낄 수 있어 무한한 생명들
　　　　을 보듬을 책임감을 통감한다. 적어도 지구촌의 영성이 이렇게
　　　　승격되어야 전쟁 없는 평화는 존속할 수 있다.

43. 눈뜨면 이리도 좋은 세상 논둑길에 잠들어도 행복하다

이 도리(텅 빈 공성을 체험하는 것)가 반야 바라밀이고 역대의 모든 제불 보살들이 다 이것을 의지하여 저 피안으로 건너갈 수 있었다. 이제 반야 바라밀의 도움으로 강물을 건넜으니 배는 버려야 하지 않겠는가? 배고프면 먹고 졸리면 자고 사나이 대장부 할 일을 마쳤으니 나와 인연이 되는 한 사람부터 사람들을 깨워 그 힘으로 지구촌을 다 행복하게 하여야 바른 회향이다. 누구든지 눈을 뜨고 나면 매 순간이 기적임을 체험해야 한다네. 눈뜨면 이리도 좋은 세상, 눈감아도 천상인 걸 논둑길에 잠들어도 행복하다.

44. 몸과 의식은 연기하고 있었다

심기 혈전이라 마음 가는 데 기가 흐른다고 오장육부 어느 곳이어도 의념을 두면 심혈관이 요동친다. 이것이 무엇인가 몸과 의식은 연기하고 있다는 것이다. 연기 공성은 이미 내 안에서 시작하여 산천초목이 그렇게 태양을 중심으로 연기하고 있다는 것이다. 이 부분이 우리가 너무도 소홀하여 진리를 배웠어도 실상의 삶에 지혜를 끌어내지 못하였다. 이 부분이 공성(본성과 성령)의 여의주며 팁이기에 반드시 문사수를 하라, 이것이 나에게로 떠나는 여행에서 또한 너에게로 그리고 우리에게로 돌아오는 길이라네.

45. 깊은 삼매를 20분 만에 들어가다

한 시간의 만트라를 명상할 때 꽃에 비유하여 보면 꽃은 개오하기 전의 밑 작업이 다 끝난 것과 같다. 만트라 명상이 끝나고 단 이십 분만의 몸과 의식은 이완이 고조에 이르고 호흡은 뚝 끊어져 내가 숨을 쉬는지조차 모르겠고, 다만 알아차림만큼은 최고조에 이르러 번뇌와 망상이 없는 텅 빈 공의 초 순수의식의 상태에 이른다. 저 높은 허공의 구름에서 내려다보는 그 각성의 상태는 한마디로 '비친다'라고 보인다. 일체의 사념이 없는 그 의식의 해상도는 너무도 투명하고 밝을 뿐이다.

46. 본성의 자리는 시간과 공간을 넘어 존재하고 있었다

본성의 자리는 시간과 공간에 구애받지 않고 존재하고 있었다. 다만 내가 그것을 알아차리지 못하였을 뿐이며, 설사 에고 상태에서도 본성은 늘 존재하기에 그것은 생사를 넘어선 영원 불생불멸 하는 자리이다. 또한, 지식과 형상으론 찾을 수 없기에 이것은 우리의 영원한 고향이다.

47. 관념으로 견성하고 다시 수능엄삼매를 증하면
한 티끌의 미혹도 없다

관념으로의 견성에는 때론 먼지가 낄 수가 있습니다. 그것에는 번뇌와 망상이 있는 상태에서 견성을 한 것이기에 다시 깊은 수능엄삼매에 들어 증한다면 한 티끌의 미혹도 존재하지 못하고, 또한 그 자리에는 다음에도 망념이 낄 수가 없다. 수능엄삼매는 공의 실상을 확연하게 증 하는 과정이기에 공부를 마치는 것이다.

❖ 덧붙임: 수능엄삼매를 증한 사람의 의식은 오로지 보리심과 자비심 끝내는 보리심의 지혜로 우리 사회와 지구촌에 회향한다.

48. 의식은 4단계를 거치면서 세분화된다

수능엄삼매로 들어가는 의식의 단계는 로켓이 분리되듯이 매 순간 척추의 골격이 움찔함을 인식한다. 몸이 미세하게 움찔함을 느낄 때 인간의 영체는 더 순수하게 세분되어 가는 것을 알 수 있다. 거친 의식(망상)에 순수의식(무심) 다시 초순수의식(무염)에서 우주의식(텅 빈 공성)으로 들어가야 깊은 삼매에 이를 수 있다. 들숨과 날숨 속에 선정의 요소와 장애의 부분들이 지금 우리의 몸에서 긴박하게 돌아가고 있기에 단전에다 의념을 두는 것이 비춰보기가 좋다는 것이다. 여기에서 단전에 에너지가 충만하면 선정의 요소와 장애의 요소는 스스로 균형을 맞추어 알아서 진행된다.

❖ 덧붙임: 수련을 하여보면 척추가 골격임을 그래서 허리를 반듯하게 세워야 기순환이 원활하게 진행된다.

49. 우주 자연의 일미 차를 공양해야 한다

초순수의식에서 우주의식과 합일이 되는 맛을 말한다. 인간의 몸을 받아 느낄 수 있는 기쁨은 깊은 삼매에서 느끼는 선정의 맛이다 (표현하자면). 그 어떤 글과 말로서 표현할 수 없는 한마디로 대 '환희의 지복감'이다. 이렇게 '우주 자연과의 합일에서 느끼는 일미 차'를 체험해야만 중생을 이롭게 할 득력을 얻을 수 있다. 이 힘은 무한하기에 지구촌의 난제를 해결할 수 있는 지혜를 우리 스스로에게 줄 것이다. 선정의 득력으로 지혜를 찾지 못한다면 그것은 바른 선정에 들었다고 말할 수가 없다.

무심이 된 만큼 진리는 보고 들린다. 우주 자연의 일미 차를 바르게 공양하면 양심이 발동하여 산속에서 머물러 있을 수가 없다. 오직 상대를 이롭게 하는 삶을 살게 되며, 이것이 우주 자연의 깊은 뜻이다.

❖ 덧붙임: 나의 의식이 보리심의 지혜로 깊어지면 보고 들리는 것이 다르다. 한 차원 높은 영성으로 가려는 사람은 반드시 이 보리심의 지혜를 늘 문사수하고 천상의 음을 염송하면 우리 사회와 지구촌에 혜명의 길을 제시할 수 있다.

50. 이 보 전진을 위해 3일 단식을 하다

15일 동안 밤낮으로 수련하여도 근접 삼매로 빙빙 돌기만 하였지 더 이상 들어가지 못하고 좌복에서 일어날 때 특별 조치가 필요하였다. 3일 단식을 물만 먹고 수련을 이어간다. 궤도 진입은 하였지만 지속하지 못하고 번뇌 망상도 없는데 선정이 지속하지 못하던 중, 단식이 끝나갈 즘 만트라 명상의 이로움이 지속하여 수능엄삼매에 들고 나니 삼매는 애쓰지 않아도 물 흘러가듯 자연스럽게 지속된다.

❖ 덧붙임: 일곱 개의 천상의 음은 인간의 몸과 의식 결국은 세포를 평화롭게 하여 줌을 또 한 번 확인하였다. 우리가 놓치고 소홀하였던(진동, 옴아훔, 천상의 음, 차크라) 것을 공부하지 않으면 나와 우리 사회 세상에 변화를 끌어내지 못한다. 다시 말하면 이런 깊은 선정과 묵상을 깊숙이 체험하는 사람이 많아야 사회가 변하는 것임을 체득한다. 이것은 그만큼 인간의 영성을 본성과 성령으로 회복하게 하기 때문이다.

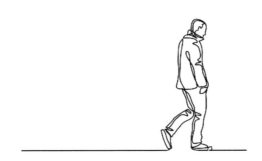

51. 수능엄삼매에서 공을 증하면 지구촌을 안내할 지혜를 부여받는다

깊은 삼매에서 나온 마음은 보리심으로 충만하다. 팔을 벌려 지구를 다 않은 것처럼 어느 것 하나에도 부족함이 없다. 넓디넓은 바다에 미세한 물결조차 일지 않으니 그 햇빛은 천길 물속을 비추고도 남는다. 그 정도로 투명하다. 공을 관념으로 체득하면 그것에 대한 메아리는 천지를 감동하게 하지 못하지만, 수능엄삼매에서 공을 증하면 지구촌을 안내할 지혜를 부여받는다. 천상의 만트라와 보리심과 보리심의 지혜로 지구촌이 다 깨달을 수 있게 전해야 한다.

52. 여울물 흘러가는 소리 있는 그대로 들린다

물은 높은 데서 낮은 데로 흐르지만, 기운은 낮은 데서 높은 데로 솟구치며, 막힌 혈을 뚫어 한 호흡에 온몸이 인식될 정도로 청정의 법신을 갖추었다. 몸은 허공처럼 가볍고 의식 또한 고요하니 무엇을 취할 티끌이 없다. 물은 깊게 흐르니 소리 내지 않는구나! 그 여울물 소리가 있는 그대로 취사와 간택이(분별) 없는 소리임을 체득한다. 법성은 스스로 드러난다.

53. 내 몸에서 무량광의 불광을 체험하면 더이상 속지 않는다

선정에서 느껴보는 불광의 조도는 무량광이다. 단전에서 이런 엄청난 광명에 그만 몸이 화상을 입을까 눈을 뜬다. 우리 몸에 일곱 개의 에너지센터에는 무지개색의 광명이 존재하며, 지금도 세포는 1초에 7번 운동을 하면서 무량광의 에너지를 만들어내고 있기에 스스로 이것을 체험하면 이제는 속지 않는다. 또한, 이런 것을 체험하면 영적으로 더 깊이 들어가서 인간의 근본을 밝힐 수가 있다. 바른 선지식 밑에서 공부하여야 이런 현상들에 현혹되지 않고 이것에 대한 정견이 갖춰지며, 바르게 수련하면 누구나 비치는 하나의 현상이기에 호들갑 떨 것이 못 된다.

54.   근대의 성자 자운 스님은 몸소 무지개색의 법신을 나투셨다

근대 한국불교의 성자 자운 스님은 일곱 색깔의 무지개 사리를 남기셨다. 그런데 이것에 대한 바른 정견을 갖추지 못하는 것은 우리 스스로 이런 공부를 하지 않다 보니 식견이 부족한 것이다. 그런데 몸 수련을 병행하여 본 사람만이 이것이 얼마나 훌륭한 업적인 것에 공감과 찬탄한다. 자연에서 와서 완전히 소화(혼과 백)하여 한 점의 티도 남기지 않고 우주 자연으로 혼과 백이 흡수된 것이다.

❖ 덧붙임: 이미 자연 속에는 원자의 진동으로 모든 생명들이 서로 연기하고 있다. 진동을 공부하여야 연기 공성을 더 폭넓게 사유하여 우리 사회와 지구촌에 혜명의 길을 제시할 수가 있고, 인문학이 깊어져야 우리가 그동안 배운 진리가 이런 것을 통하여 깊어진다.

55. 깊은 삼매에서 의식은 순도 100%의 청명도이다

깊은 삼매에 들기까지 몸은 온몸에서 방광을 하여 불덩어리같이 뜨겁고 의식은 비 오고 개는 날씨같이 순도 100%의 청명 그 자체이다. 먹구름 없는 청명한 가을 하늘에 태양처럼 아주 강하게 빛난다.

❖ 덧붙임: 몸에서 빛을 내는 원리는 세포 내에 광자라는 성분이 자연의 에너지와 몸의 정이 충만하여 만들어내는 현상으로 무지개색을 차크라마다 다르게 발광한다(이미 세팅되어 있음). 최초의 연기는 엄마 태중에서 거꾸로 웅크리고 있을 때 엄마와의 연기이다.

56. 첫돌 전 원시의 초 순수의식이 다 생 겁의 업장을 녹인다

깊은 삼매에서 몸은 잊는지조차 모르고, 다만 따뜻한 열감만이 방사되고 의식은 명료한 각성이다. 인간은 분별하지 않고 한 생각도 일어나지 않으면, 생사가 없고, 잃을 것도, 얻을 것도 없는 잊는 그대로의 원시의 나를 만난다(이 의식은 무시이래 생사가 없었다.). 그동안 살아온 무명업식은 이 궁극의 초 순수의식이 되면 히말라야 설산의 빙벽이 따뜻한 봄바람에 녹아내리듯 세세생생 살아온 업이 정화된다. 그러하니 영성 수행자는 반드시 수능엄삼매에 들어야 한다.

❖ 덧붙임: 첫돌 전의 아기는 분별을 하지 않아 순수의 의식을 지니고 있다.

57. 과거 심도 미래심도 없음을 사실적으로 체험하다

한 생각이 일어나지 않는 공의 상태에서는 과거 심도 미래심도 없음을 사실적으로 체험한다. 다만 에고의 분별에서는 나누어질 수가 있고, 공의 상태에서는 지금만 존재한다. 알아차림의 의식은 시공간에 제약받지 않는다.

58. 몸이 이완되고 다음에 의식이 이완된다

천상의 음 만트라를 염하고 결과보좌로 앉아보면 몸은 왕성한 혈액순환이 되어 금세 이완된다. 가슴과 등은 달아오르고, 인당혈과 코가 들썩거리며, 두상은 백회를 중심으로 모세혈관이 이완되며, 의념은 처음에는 코끝에서 점차 단전에 둔다. 척추가 이완되는 툭툭 소리가 나면서 몸은 순간 움찔함을 느낀다. 뇌파는 베타파에서 세타파로 더 느려지는 평온한 파동이 이어진다. 이런 선정이 지속하면 그토록 우리를 힘들게 하는 번뇌 망상의 주범 무의식이 정화된다. 무의식이 정화되면 깊은 선정은 자연스럽게 들어가게 되어있다.

결국, 깊은 선정과 묵상을 자주 경험하여야 무의식과 없이 정화되어 인간 본연의 양심을 각성하게 하여 보살 도를 실천하는 힘이 강화되는 것이다.

❖ 덧붙임: 경칩을 전후로 개구리와 산 뻐꾸기, 꿩과 산새들의 목청이 이완되어 목소리가 부드럽다. 이것을 사유하여 보면 따뜻하여야 이완되어 자연의 흐름에 맞추듯이 깊은 선정과 묵상도 에너지 도움을 받아야 함이 자연의 법칙이다.

59. 텅 빈 공은 가까이 있기에 비추어 보지 못한다

옛말에 등잔불 밑이 어둡다는 말과 상응한다. 공은 지금 우리가 찰나에 숨 쉬는 순간순간에도 존재하는데도 느끼지 못하고 살아간다는 것이다. 차라리 멀리 있으면 어떤 목표를 정할 수도 있지만, 이것은 지금 눈 깜박하는 순간에도 공의 알아차림을 느낄 수가 있는데 참으로 아이러니한 현실을 살고 있다. 그러나 깨어난 사람은 이것을 알기에 가까이 있기에 그 알아차림과 함께 하나로 살아간다.

60. 몸 내부 에테르계로 들어감은 미묘한 여행이었다

✳ 마음은 이렇게 시작되어 만들어지고 있었다.

몸 내부의 깊은 에테르계(영적 차크라)로 들어가니 지금까지 우주 에너지로 충만한 에너지의 도움으로 더 선명하고 장기의 움직임도 인식하게 된다. 척추로 타고 오르는 기맥의 에너지가 나선형 우측으로 회전함을 감지한다. 이것이 인체의 기혈 맥에 시냅스로 연결되어 신경호르몬을 만들어서 세포를 활성화해 마음이 시작됨을 감지한다. 깊은 미묘한 여행이었다. 일어나고 싶지 않은 열반의 맛 감미롭다.

이 초월의 신성한 의식의 흐름에서 수행자는 무량한 시간의 여정을 여행한다. 어떠한 사람은 무량한 과거의 업식을 이때 만나서 더 영적으로 깨어난다. 그런 분들이 역대 성인분들이며 다시 보는 자만 성성하다.

61. 오직 깨달아야만 미소 지을 수 있다

붓다께서 깨달음을 얻으시고 하신 말씀에 공감한다. 우리 모두 붓다라고(부처의 성품을 가지고 있다고) 개체에서 초 순수의식으로 들어가 보면 누구든지 공감할 것이다. 태초부터 우리는 붓다였다고…. 그리고 입은 다문 이유도 공감한다. 우리가 보는 것이 실제하지 않는다는 저 사실을…. 오직 깨달아야만 미소 지을 수 있다. 선은 말이 나오기 전(분별이 없는) 자리이지만 전하려 하니 말이 필요하다.

62. 무심의 클래식을 들으면 더이상 어둠은 존재하지 않는다

저 깊고도 헤아릴 수 없는 막장의 깊은 곳에서도 공의 빛이 비치니 땅속에서도 어둠이 없다. 그리고 그 깊은 심연 속에서 울려 퍼지는 태초의 음악이 있다. 바로 무심의 클레식이다. 오온이 사라져야만 들을 수 있는 소리며 텅 비워야 울림이 가득 한소리 무심의 클래식을 들으면 다시는 어둠은 존재하지 않는다. 깨어난 사람은 늘 무심의 클래식과 함께 노닌다. 전체와 함께…

❖ 덧붙임: 분별과 사념으론 들을 수 없는 소리가 무심의 클래식 소리다.

63. 공은 텅 비었지만, 근원에서 보면 무수한 빛의 원자로 율동 하고 있다

시공간이 완전히 사라진 차원 저 심연(마음의 연못)의 깊은 자리에는 밝게 빛나는 일곱 색깔의 빛만이 율동 한다. 그 빛은 일곱 개의 차크라에 존재하며, 우주와 교감하며 나선형으로 척추를 타고 올라 기맥의 세포를 활성화한다. 공은 본래 텅 비었지만, 근원에서 보면 무수한 빛의 원자들이 지금도 율동하고 있기에 가득하다.

❖ 덧붙임: 적어도 일곱 개의 에너지 신경이 이완되면 인체가 본래 지닌 초상지능(신통)을 발휘하여 우주 자연과 연기적인 관계를 깊은 선정에들면 증명할 수 있고, 또한 이러한 경험을 토대로 마음이 만들어지는 근원도 포착할 수가 있다.

64. 미세한 파도는 있어도 출렁이지 않는다

에고가 사라지니 몸은 평화롭다. 백회로 우주의 에너지를 흡수하고 온몸으로 호흡을 하니 우주와 하나가 된다. 들숨에 하늘 기운 흡수하고 이산화탄소를 날숨에 내보낸다. 갈대처럼 율동 한다. 우주의 리듬에 맞추어 흘러간다. 들숨이 파도 되어 올라가고 날숨에 내려간다. 숨결이 고르니 파도는 있어도 출렁이지 않는다. 나와 파도는 함께 율동 하여서 하나가 된다. 이처럼 구분 짓지 않으면 하나 되어 연기로 존재하는 것을⋯.

65. 수능엄삼매는 또 한 분의 각자를 탄생시킨다

수능엄삼매에 든 수행자의 영성은 어느 조건에서도 미혹하지 않아 주변을 깨운다. 관념으로 견성하고 다시 깊숙이 선정을 체험하면 『반야심경』의 내용을 그대로 공감함을 스스로 확인할 수 있다. 이것이야말로 인간의 몸을 받아 가장 성스럽고 값진 일이다. 더는 유니 무니 조사님들의 말씀에 의심이 필요 없다. 한 인간의 영성이 어찌 이렇게 깊이 들어가서 이렇게 받아 적을 수 있는가? 찬탄과 감동이며 이것을 체득하면 완전한 숙제를 마치는 것이다. 이제 할 일은 중생을 이롭게 하는 것이다. 수능엄삼매는 또 한 분의 각자를 탄생시킨다.

66. 원인과 조건의 수증기가 모여 한 생각을 만들었다

그 헤아릴 수 없었던 번뇌와 망상들 하나하나 해체되어 본질의 바다로 모여서 유유히 흘러간다. 어느 때 원인과 조건으로 수증기 마중물이 되어 조건을 만드니 '한 생각을 만들었다.' 그러나 팔만사천의 번뇌도 끝내는 한 장의 백지와 같구나! 실체가 없는 것을 실체가 있다고 생각하여 냈던 상들이 무아와 상호의존이란 연기 공성의 지혜 앞에서 살려달라고 꼬리를 낮춘다. 본래무일물이라 하던 효봉스님의 죽비소리가 들린다.

67. 공의 성품 근원에는 육 바라밀이 구족 되어있었다네

공은 생명의 실상 자리이기에 이미 다 갖추고 있다. 복과 덕이 그리고 육 바라밀을 구현하고 있으며 우리가 행하는 그 모든 것은 공에서 색으로 나오기 때문이다. 이미 다 구족 되어도 사용하고 쓰는 사람은 소수에 불과함은 분별과 지식으로는 다다를 수가 없다 보니 공의 체험을 하지 못하기 때문이다. 공은 이기심으로는 이해할 수 없으며 이타심으로 남을 이롭게 할 때 무량하게 그 힘을 사용할 수 있다. 그러므로 공은 무량한 육 바라밀을 이미 구족하고 있음을 깊은 선정에서 확인할 수 있다.

68. 소아에서 대아로 개체에서 전체로 끝내는 한 몸 이내

텅 빈 공성이(본성과 성령)란 어느 것에도 물들지 않고 또한 어떤 수식어도 붙일 수 없는 자리이다. 그러하기에 간택과 분별이 없는 지금 현재 알아차림 하는 마음이다. 이 거룩한 텅 빈 충만에서 역대의 선지식분들은 진리를 노래하였다. 또한, 이것을 통하여 소아에서 대아로 개체에서 전체로, 그리고 끝내는 우주 자연과 한 몸 이내를 체험하고 대 보리심을 발심할 수 있었다. 육 바라밀이 성숙하여 대승의 보리심으로 발현되는 것이다. 우리가 할 일은 일체 생명들을 이롭게 하는 것이다.

69. 한국인 영성의 고향 소리는 아리랑이었네

　　본성 그 자체는 맛과 향기가 없지만, 입자와 세포의 간격에서 율동 하는 저 깊은 태초의 울림의 소리가 있었다네! 한국인 영성의 고향 소리는 아리랑이었네. 왜 불현듯 여기에서 뚱딴지같이 이 소리를 하느냐고 반문하겠지만 당장 체험하여 보시라! 무심이 되고 무염이 되어서 세포의 율동을 따라가 보라 그리고 그 율동에 맡기면 아리랑이 위대한 깊은 영성의 소리가 절로 나온다네.

❖ 덧붙임: 몸과 의식을 평화롭게 하여 주는 파동이 사인파다. 즉, 다시 말하면 파동이 일그러지지 않고 균일하고 안정감이 지속할 때 우리의 몸과 의식은 소외 평화롭다고 말한다. 그 아리랑의 소리가 깊은 영성에서 나오는 소리이며, 또한 깊은 울림으로 들어가게 하는 아주 질량이 함축된 가사이다. 이런 것으로 추측하여 보면 우리 조상님들의 영성지수가 깊은 것을 확인할 수가 있다.

70. 직하 무심하면 다다를 수가 있다

텅 빈 공의 현전과 마주함은 어떤 술이(테크닉) 필요한 것이 아니다. 애쓰고 상을 내는 만큼 공의 자리에서 멀어진다. 다만 직하 무심하면 (모를 뿐만 하면) 다다를 수가 있다. 모른다고 하면 끓는 물이 가라앉듯이 주전자 밑의 실체가 드러난다. 똑딱 하는 사이에 바로 견성이다. 공이 완전하기에 그것에 이르는 방법 또한 간결하며 알고 나면 세수하다 코 만지듯 쉽다.

71. 사 득 부활의 경지를 지나야 반야 바라밀의 지혜가 드러난다

선정 중에 번뇌와 망상이 나오지 않는 경지에 이르면 다시 한번 사 득 부활(죽었다 살아나는)의 일심이 되는 과정을 거쳐야 한다. 미세한 습기와 망상이 발목을 잡지만 여기에선 화두를 굳이 들지 않고 오직 모를 뿐만으로 미세한 습기와 망상을 조복 받아야 한다. 화두를 여기에서 들면 제8식에 습기가 훈습 되기에 완전한 붓다의 경지에 이를 수 없다. 이 책에서 소개하는 방법으로 몸과 의식을 수련하면 미세 망념 마저도 나오지 않음을 이제는 눈 밝은 사람들(안목이 있는 사람들)이 받아들이길 간곡히 부탁드립니다.

❖ 덧붙임: 수련은 자연의 이치와 순리를 이해하고 만물이 운행하는 법칙에다 천상의 음으로 몸과 의식을 수련하여 무의식이 정화되면 지금까지 번뇌와 망상에서 벗어날 수가 있다. 이것을 공부하면 우리가 공부하는 진리를 보는 혜안이 깊어진다.

72. 구멍 없는 피리의 소리에 득음이 되어 나오는 법향이
마하 반야 바라밀이다

우리가 오직 경험해야 할 일은 깊은 반야 바라밀다이다. 깊은 반야 바라밀다의 지혜에서 구멍 없는 피리에서 나오는 소리를 들어야 득음이 되어 이 무소득고의 경지를 체험하게 된다. 이제 0에서 출발하여 360도를 한 바퀴 돌아 처음의 자리로 완전하게 돌아왔기에 영적 여행을 마치는 것이다. 참고로 깊은 반야 바라밀다는 수능엄삼매에 드는 것을 말한다.

73. 팔만사천의 말씀이 다 약방의 처방전이었다

여러 가지 수행의 방편으로 정진하여 한 생각이 일어나기 전의 공의 자리에서 각종 화두와 언어의 도단을 부수어 버리는 길은 깊은 반야 바라밀다의 경지에 들어가면 팔만사천의 말씀이 다 약방의 처방전임을 확인할 것이며, 여기에서 머물지 말고 중생을 다 건지리라 의 서원을 대 발심을 하여 세상과 지구촌을 깨워야 한다. 이것이 대승 보살의 삶이다.

❖ 덧붙임: 중생의 근기가 다양하기에 방편과 지혜가 필요한 것일 뿐이다.

74. 공을 체험하면 응 무소 주 이 생기심이다

　공을 체득한 사람은 더는 구함이 없지만, 우리가 살아가는 사바세상은 지금 너무도 도인이 간절하다. 그동안 도인이 너무도 씨가 메마르다 보니 사회와 지구촌은 너무도 혼탁하여 가고 있기에 공을 바르게 체험한 득력으로 우리 사회와 지구촌에 새로운 패러 다임을 제시하여야 한다. 이것이 준비되지 않고는 세상을 변화시킬 수 없다. 세상을 변화시키는 힘 그것은 낮은 데서 온 힘을 불태운 수행자 많이 지혜를 체득하고 상대를 이롭게 할 수 있다.

75. 찾지 않으면 얻을 것이다

노자는 말한다. 찾지 마라. 찾으면 잃을 것이다. 찾지 않으면 얻을 것이다. 찾으려고 깨달으려고 우린 지금도 우리의 몸과 의식을 얼마나 부산스럽게 만들고 있는가? 힘을 빼고 송장같이 때론 빈 항아리같이 좌복에 앉아라. 그리고 들숨과 날숨의 정지에서 알아차림을 키워가라! 그러면 스스로 비춰질 것이다. 호흡은 생명이기에 공의 성품과 연결되어 있음을 사유하라. 그 속에 보물이 있나니….

❖ 덧붙임: 호흡은 거듭 생명줄임을 스스로 자각해야 자유인이 될 수 있다.

☀ 우리가 사유할 일은 지극히 단순한 것이 호흡 같지만, 이것이 우리의 생명이기에 이것을 통하여 우리가 추구하는 그 모든 것이 시작됨을 사유해야 한다.

76. 내 안에 이미 보물을 다 갖추고 있다

깊은 선정으로 들어가는 팁은 호흡이며, 이 여행에서 보물을 캘수 있는 조건은 우리가 부처라는 사실을 믿을 때이다. 이미 우리의 마음은 다 구족 되어있는 신성을 지니고 있다. 다만 우리는 어떤 특별한 사람 많이 이것에 이를 수 있다고 생각한다. 아무 겉도 필요치 않다. 내가 이미 갖추어진 보물이며, 그 자각과 각성을 얼마나 순수하게 받아들이고 키워가는 것이 중요하다. 내 안에 이미 다 보물을 갖고있다. 밖에서 찾지 마라.

77. 현상세계는 오온의 나툼 속이지만 늘 열반의 세계였다

파도는 바람에 의지해서 움직인다. 결국, 힘들었던 것은 상대가 아닌 나의 에고가 장애물이었다. 그렇지만 현상세계에서 에고 없이 살 수가 없듯이 공을 보게 하는 출발은 에고였다. 에고를 잘 다스려야 파도는 일어남과 사라짐의 간격을 잘 유지해야 한다. 에고는 공의 상태를 움직이지는 못하였다.

그러나 현상세계는 오온의 나툼 속이지만 늘 열반의 세계였다(색과 공이 함께 존재하나 알아차림이 깊어지면 늘 열반의 세계).

78. 우주 자연이 보리심으로 운행하고 있었다

태양은 무려 137억 년 동안 우주 자연과 인간에게 무상으로 끊임없이 따뜻한 사랑의 온기를 주어 모든 생명을 키워내고 있었다. 봄에는 꽃과 향기로 우리 눈과 숨결을 맑게 하여 주고 가을이면 결실의 열매로 먹을거리를 선물한다. 공기와 물 자연은 아무 내색도 하지 않고 위대한 모성의 마음 사랑과 자비의 법칙으로 우리가 숨 쉬는 지구를 운행하고 있었다. 깊은 선정에 들어 온전하게 생명의 숨소리를 자각하면 우리가 할 일은 원수를 사랑하고 상대를 위하여 이타의 삶을 사는 길이 진정한 인간의 길임을 자각한다. 모든 것은 완전하게 이미 다 구족 되어 운행하기에 자연의 순리에 따르는 삶을 살아야 한다.

❖ 덧붙임: '우주 자연은 상대적 법칙으로 (음양) 균형을 유지하고 있었다.' 우리가 살아가는 세상은 이것의 반영 위에서 존재하기에 우리는 이것을 깊숙하게 문사수를 하고 나서 진리를 공부하여야 의식의 확장이 일어나 영성이 깊어진다.

79. 똑똑한 알아차림만 존재했다

에고가 나오지 않으면 순수 열반의 상태이다. 에고와 열반이 구분되는 것 같지만, 현상세계는 늘 열반의 상태로 흘러간다. 그것을 우리가 인식하지 못할 뿐이다. 에고가 없는 공의 세계는 텅 빈 그 자체였고(훤히 밝게만 느낌) 똑똑한 알아차림만 존재했다.

❖ 덧붙임: 우리의 오감과 관념으론 온전하게 느끼기엔 몸과 감각적 욕망이 존재하기에 백 퍼센트 공감하기엔 역부족이다. 일체의 번뇌와 망상이 없는 상태에서 느껴보는 순수한 알아차림은 그대로 인간을 변화시킨다. 왜냐하면 그것(본성과 성령)은 우리가 알음알이로 헤아릴 수 없는 무량하기에 그러하다. 그러므로 우리는 깊은 선정과 묵상을 깊숙이 체험해야 감동이 나올 수가 있다.

80. 번뇌 망상 무지가 이곳에서 나왔다네

모든 시비분별이 사라지니 공의 상태만 지속되네. 여기에서 한 생각을 일으키면 티끌이 붙지만, 금강석 다이아몬드 같은 공의 마음은 티끌이 존재할 수가 없네! 언어문자를 들어대어 설명하지만, 이 자리를 설명할 수 없다네 그렇지만 번뇌 망상 무지가 이곳에서 나와서 만들었네! 그 본질(본성과 성령)은 늘 만물을 길러주는 자연처럼 무시 이래(헤아릴 수 없는 시간)로 존재하였다네.

81. 궁극의 깨달음을 얻은 것이 무엇인가?

해탈을 얻었다고 깨달음을 얻었다고 말을 하지만 궁극의 깨달음을 얻은 것이 무엇인가? 흰색이 검게라도 되었단 말인가? 깨달으려고 출발하여 한 바퀴 원을 돌아와 보면 이미 완전하고 완벽하기에 깨달을 것이 없다는 것을 알 수 있다. 다만 미혹으로 인하여 있다고, 우리의 눈에 보이는 것이 실재한다는 실 집이 무명을 만들었지만, 사물의 실상인 연기 공성을 바로 알게 되면 무자 성이기에 무아이며 연기로서 상호의존하는 이름 붙여진 것에 불과함을 바로 아는 것 이것을 바로 알아야 한다네.

82. 천상의 음 만트라는 공을 (본성과 성령) 비춰보게 했다

천상의 음 만트라에는 우주와 인간을 연결하게 하는 비밀이 숨겨져 있었다. 고운 소리는 느낌이 고와 파동 역시 고왔다. 이 고운 느낌과 파동이 우리의 '본성'을 만나게 하는 촉매제였다. 두꺼운 업장과 무의식이 벗겨지게 하는 힘이 고운 선율의 파동이었다. 이것이 우주 자연의 비밀이자 인간과의 연기로 이어짐을 자각할 수 있었다. 우주 만물의 근원 원자는 진동한다는 것을 내 몸을 통하여 확인하면 지구촌을 이롭게 할 지혜를 구할 수 있다. 또한, 우주 만물 시공의 생명의 소리를 응축한 옴과 훔의 이치를 깨달으면 깨달음의 열쇠는 부여받았다. 이것은 우리가 놓치고 있는 핵심의 한 부분이다.(이것을 문사수해야 한다네.)

❖ 덧붙임: 우주 자연의 모든 원자는 진동하고, 심지어 우리의 오장육부도 진동한다는 것이다. 우리 몸의 핵심 세포 역시 진동하기에 이것을 압축한 소리가 옴과 훔이다. 이런 자연의 운행 법칙을 알고 그것을 몸과 의식에서 스스로 확인을 하면 진리에 확신이 생긴다. 이렇게 되어야 우리 사회와 지구촌에 지혜를 나눌 수가 있다. 이것이 수능엄삼매에 드는 팁이었다.

83. 모자 상봉을 하다 (본성과 성령을 만남)

　본래 어머니의 품(본성)에서 나와 번뇌 망상(에고이자 아들)의 잔가지를 키웠네. 세월의 유희에 빠져 때론 본성(엄마)을 농락하고 독불장군(아들)으로 나댔었네. 아하~ 천둥　번개의 '할' 소리에 나는 자각하여 나의 어머니(본성)와 모자 상봉을 하였네. 오랜 시간 망나니 자식을 나의 어머니(본성)는 나를(분별 망상의 아들) 당신의 사랑과 자비심으로 받아들이셨네! 이제는 어머니(본성)의 품에서 다시는 멀어지지 않을 거네. 어머니(본성)의 품은 헤아릴 수 없이 빛났고 감미로웠네! 그 본래 갖추어진 사랑과 자비심이 보리심임을 확인했네! 그래서 우리가 보리심을 일으켜야 하는 이유이다.

84. 알아차림의 촛불은 그 어떤 바람에도 꺼지지 않는다

깊은 삼매에서 정견은 분명하게 똑똑하게 미혹됨 없이 느낌이 선명하다. 한 생각의 취사심이 없으니 조건을 만들지 않는다. 원인을 만들지 않으니 조건조차 없고 원인과 조건이 멸하니 열반을 성취한다. 수능엄삼매의 알아차림의 촛불은 그 어떤 바람에도 꺼지지 않는다. 그것은 인위적인 것이 아닌 대자연과 함께 호흡하기 때문이다.

❖ 덧붙임: 수능엄삼매의 알아차림의 촛불은 무량광불(한량없는 빛, 즉 아미타)이기에 우주 자연의 시공간을 초월하여 빛난다.

85. 선명한 의식에는 오온이 붙을 수 없다

본디 거울에는 먼지가 끼지 않는 법. 왜냐하면, 일체의 에고를 떠나 상대의 모습대로 비치고 또한 비춘다는 생각조차 없는 공의 성품을 두고 하는 말이다. 이처럼 맑고 선명한 의식에는 오온이 붙지 않아 생사라는 것이 존재하지 않는다.

86. 공의 (본성) 세계는 텅 빈 것 같지만 근원에서 보면 가득했다

수능엄삼매에 들어 호흡의 도움으로 알아차리니 삼계가 텅 비었지만 가득하다. 우주 자연의 근원에서 보면 그 가득함은 또 다른 원자들의 진동과 율동이기에 어느 곳에서도 충만하였다. 이것이 우주 자연의 조화와 균형이었다.

❖ 덧붙임: 우리의 본성과 성령의 의식은 우주 자연과의 조화와 균형이며, 또한 사랑과 자비이며, 육 바라밀의 실천이다. 이것이 인간의 몸으로 행하는 우주 자연과 상생의 삶이었다.

87. 양변을 여의니 공의 달빛이 더욱 밝다

땅은 하늘의 도움을 받고 하늘 역시 땅의 도움을 받는다. 둘은 따로따로이지만 함께한다. 사물의 실상을 바로 알려면 유와 무를 떠나야 바로 볼 수 있다. 중도와 연기는 공의 실상을 자연스럽게 깊어지게 한다.

❖ 덧붙임: 독단적으로 존재하는 것은 없고 서로 상호의존 때문에 연기적으로 이름 지어짐을 자연의 실상에서 스스로 확인해야 그 어떤 것에도 미혹이 남지 않는다. 치우치지 않는 마음 일대 사물을 있는 그대로 보아 봄바람의 내공을 갖출 수 있다.

88. 몽중일여에서도 자성은 알아차림을 하고 있다

한때 많은 수행자가 해인사 성철스님의 몽중 일여 속에서도 화두가 성성하여야 한다는 말씀에서 답을 하지 못하고 수행자 본인의 퇴보와 전반적으로 간화선의 선풍이 꺾이기 시작하였습니다. 누구 하나 나서서 이것에 대한 '답변을 하지 못하다 보니' 방편으로 던진 말이 이 공부의 경책이 되지 못하였다는 아쉬움이 남습니다.

그것은 무엇을 의미하는 것일까? 시간이 많이 흘렀으니 한 번쯤은 정리하여 진일보하는 수행풍토가 되어야 합니다. 본성은 본래 늘 깨어있고, 잠이란 에고의 놀음에 농락당하는 차원을 넘어선 경지입니다. 한 번이라도 똑똑하게 알아차려서 본성을 확인하고 그 알아차림의 시간이 확장되면 몽중일여에서도 화두가 성성하고 비록 잠을 자지만 누군가 나의 이름을 부르면 순식간에 깨어나서 일어나고 있습니다. 이러하기에 몽중일여의 진실을 이치로 확인하고 늘 문사수로 깨어남의 시간으로 살면 되는 것입니다(오매일여도 이와 같습니다.).

89. 동정일여는 낙숫물같이 한결같다

초심자가 등산하려면 여러 가지의 준비가 필요합니다. 그리고 산을 오르고 내리면서 안전에 유의하며 등산을 하고 등산 전문가는 단출한 배낭과 몸과 의식이 산과 하나가 되어 자신을 넘어 주변과 동행한 지인들을 챙깁니다. 수행에 지혜를 얻은 사람은 이 전문가와 같은 의식이기에 무엇을 따로 챙기고 짊어질 것이 없습니다. 주변과 하나 되어 한걸음이 천릿길처럼 한결같고 그 속에 육 바라밀이 다 실현합니다. 한 호흡에 우주 자연과 하나 되고 한 호흡에 일심이 됩니다. 이렇게 되는 길은 몸은 자연스럽게 흘러가게 열어놓아야 하고 의식은 사랑과 자비심으로 운행되고 있다는 공감과 소통이 되면 되는 것입니다.

❖ 덧붙임: 바람은 그물에 걸리지 않습니다. 그것은 바람은 이미 그물을 통과할 수 있는 지혜를 갖추고 있듯이 몸과 의식이 우주 자연과 연기적으로 이미 연결되어 소통과 교감을 하고 있음을 알고 숨만 잘 쉬면 그대로 하나가 되어 살아갑니다.

90. 깊은 선정과 삼매에 들 수 있는 조건을 만들라

큰 틀에서 적어보니 자기의 근기에 맞게 적용을 하시면 되겠습니다. 깊은 선정에서 삼매란 한 생각도 일어나지 않는 명료한 각성의 상태를 말합니다.

- 깊은 선정으로 들어갈 수 있는 환경을 선택합니다.
- 지금까지 살아오면서 제8식에 저장된 무의식과 잠재의식을 순수의 파동 음으로 정화를 시켜서 뇌를 이타심의 뇌로 이완시켜야 합니다(수시로 명상에 들어야 무의식이 정화됨).
- 우리 몸의 일곱 개의 에너지센터 신경을 회복하여 태초의 몸으로 만들어 놓습니다(우주 자연과 교감능력이 회복되어 인간 본연의 영성을 갖추게 함).
- 옴 아 훔의 삼자 명상으로 좌뇌와 우뇌 그리고 일곱 개의 에너지센터를 인식하는 집중명상을 통하여 몸과 의식의 느낌을 인식하는 집중력을 키웁니다.
- 천상의 만트라로 몸과 의식(세포)을 이완시킵니다.
- 교차 호흡을 통하여 호흡신경과 척추신경 그리고 대뇌 중추신경을 이완시킵니다(함몰된 호흡 신경이 회복됨).
- 준장을 이용하여 우주 자연의 에너지를 축기합니다.
- 발 보리심이 뼛골에 사무치도록 사랑과 자비심이 충만하여야 합니다(출리심이 강건해야 함).
- 화두를 일상에서나 선정 중에서나 간절하게 들어야 하는 대 분심이 가슴에 올라와야 합니다.

- 이번 생에 반드시 깨달아서 일체중생을 이롭게 하겠다는 데 서원이 늘 한결같아야 합니다.
- 도를 이룬 명안 종사를 만나야 수행의 성과를 이루니 스승을 찾아야 합니다.
- 이 모든 것을 꾸준하게 6년은 하여야 한 생각도 일어나지 않는 선정을 체험할 수가 있습니다.

❖ 덧붙임: 우리가 그동안 소홀하였던 부분들을 사유하여야 지금까지 멈추었던 영성을 꽃피울 수 있습니다. 그리하면 지금까지 우리가 공부한 진리가 더 깊어져서 사랑과 자비의 연민 치유사의 삶을 누구나 살게 되어 있습니다.

91. 천상의 만트라는 누진 통을 벗게 한다

다섯 가지 신통 중에 가장 중요한 것은 누진 통(지금까지 살아온 번뇌와 망상)에서 벗어나는 길이며, 누진 통을 벗을 때 불안과 법안 혜안이 따라오는 것이다. 세세생생 윤회하며 살아온 번뇌장과 소지 장을 어떻게 소멸할 수 있을까? 양파의 껍질처럼 두꺼운 벽으로 싸인 번뇌와 망상은 몸과 의식의 연기법을 함축하고 우주 자연의 운행의 원리인 진동을 담고 있는 천상의 만트라를 적용하면 가능하다.

❖ 덧붙임: 깊은 선정과 수능엄삼매로 가는 길에 꼭 소지하여야 할 팁임을 밝힌다. (이 책에서 계속 반복하여 말함) 오늘날 우리는 과거의 선배들보다 더 몸과 의식이 오염되어 있다는 것이다. 그러하기에 깨어난 각자가 나오지 못하는 이유이다.

92. 애쓰지 않아도 공의 상태는 자유 자제하다

마른 장작은 불쏘시개가 필요하지 않습니다. 세월의 풍상 속에서 그가 지니고 있던 습기들을 봄여름 가을 겨울의 가르침을 바르게 받아 지니면 스스로 불이 되어 마른 장작을 지핍니다. 작용과 반작용의 경계(내가 행하는 행위에 잣대를 대지 않음)를 넘어서면 처처 어디에서도 공의 나툼은 늘 현전합니다. 마치 바람이 그물에 걸리지 않는 것은 그물에 걸리지 않는다는 것을 이미 알아차림을 하듯이 들숨과 날숨의 죽비가 늘 동행하기 때문입니다.

93.   앉은자리가 좌복이며, 늘 선정상태다

한동안 냉방에서 알아차림을 지속하기 위하여 몇 겹의 옷을 입고
배꼽에 불을 지펴 살았습니다. 궁극의 깨달음을 얻기 전까지는 온돌
방을 멀리하며 스스로 율법을 지키다 그것에서 벗어나 온돌방에 몸
을 눕히는 적응이 필요하였습니다. 이처럼 몸이 이완되고 의식에는
오직 보리심으로 DNA에 각인되어 깊은 선정에서 마하반야 바라밀
다의 지혜를 증하고 나면 눈보라 속에서도 몸을 대피고 선정을 이어
갑니다. 이것이 수능엄삼매의 힘입니다.

❖ 덧붙임: 수능엄삼매를 증하고 미혹이 남는다면 그것은 수능엄삼매에서
　　　　지혜를 얻었다고 말할 수 없다.

94. 뼛골에 자비심이 사무쳐서 1초 안에 나와야 한다

사십 대 후반 어느 선사와 차담을 나누다가 느닷없이 죽비로 두 방을 얻어맞은 적이 있습니다. 아픈 몸을 일으켜 꿇어앉고 우슬 착지하여 '스님 화가 있으면 더 때리라고' 본능적인 답변이 나왔습니다. 이 말에 스님은 감동하여 죽비를 던지고 둘은 서로 부둥켜안고 어리석음의 눈물을 흘린 적이 있습니다. 이처럼 말로써 사랑과 자비가 아닌 우리의 DNA에 깊숙이 입력이 되어야 본능적인 사랑과 자비심이 나올 수 있습니다.

❖ 덧붙임: 인간의 영성이 깊어졌다는 것은 모든 것을 받아들일 수 있는 가슴이 넓어졌음을 말하며, 또한 바람 없는 어머니의 사랑을 실천함이 자동으로 나오게 되어있다.

95. 대적정 삼매에 들어 중생을 속이고 있다

대적정 삼매에 들어 붓다를 친견했다고 하는 사람들 또한, 자기가 지금 부처님의 제자라고 말하는 사람들 하나같이 저녁놀에 석양을 본 것을 가지고 중생들을 속이고 있다. 왜 이렇게 되었을까? 그것 또한 남의 탓이 아닌 우리의 부족함에서 찾아야 한다. 우리가 바르게 공부하여 '지혜를 얻은' 사람이 나와서 이 모든 것을 '평정하지 못한' 우리의 부족함을 받아들일 때 이런 난세를 극복할 수 있는 처방전이 나오는 법이다.

수능엄삼매에 들어 '공을 바르게 체험하였다면' 이런 굿판을 벌일 수 없다. 부디 눈 밝은 선지식들은 자비의 이야기를 받아 지니어 혜명의 길을 제시하여야 한다.

96. 공의 사자후로 수다쟁이들 엄벌하리

그동안 깨어난 각자가 나오지 못하다 보니 수다쟁이들이 무성하고, 승속은 지금 멈추어서 길을 제시하지 못하고 있다. 공의 '사자후'로 수다쟁이들 엄벌하리. 아~, 이토록 수능엄삼매에 들기가 힘들 줄이야…. 그러나 계방산 천둥, 번개 소리에 깨어난 무명 납자가 혜명의 길을 제시하리. 우리 사회와 지구촌을 깨우리라….

❖ 덧붙임: 보리심의 지혜가 깊어지면 개인의 해탈은 물론이요, 우리 사회와 지구촌이 안고 있는 모든 분쟁에서 벗어날 수 있다. 이것을 깊게 사유하여 꿈속에서도 이 의식이 나와야 하며, 더 공부하여 우주 자연이 이미 보리심의 지혜로 운행하고 있다는 확신이 나와야 한다. 보리심의 지혜는 일체 모든 생명을 평등하게 자식같이 사랑하는 마음이다(이것이 우주 법계의 마음임을 깨달아야 함).

97. 돈 오의 문에서 정상은 무염에서 무주다

우리가 공부하는 끝은 어디인지 알고 가야 한다. 좌표를 찍고 분명하게 가되 그곳에 이르는 길 역시 방법은 다양하지만 결국은 한곳으로 모이게 되어있다. 주변을 살피어 저 강을 건넌 사람의 비결을 숙지하여야 하며 그 방법이 아주 쉽고 간단하게 누구나가 받아들일 수 있어야 함을 숙고하여야 한다. 그리고 그 방법을 통하여 지금 우리 사회에 얼마나 이바지하고 눈 밝은 사람이 나옴도 살펴서 스스로 판단하라. 우리가 태극기를 꽂아서 걸망을 내려놓을 이정표는 한 생각도 일어나지 않는 무염과 무주임을 살펴야 한다.

❖ 덧붙임: 깨달은 각자는 많아도 자비심을 갖춘 부처가 나오지 않으면 그것은 바르게 가는 게 아니다. 또한, 보리심이 깊어지지 않고 얻은 깨달음 역시 주변을 밝히지 못하고 있다. 이제 우리는 보리심으로 보리심의 지혜가 깊어지게 화두를 들 때이다. 이것이 얼마나 무량한 말씀인지 봄바람이 들고 일어나고 있다.

98.　수능엄삼매의 공은 절대 근원에서 비춰보는 것을 말함이다

　　수능엄삼매의 공(본성과 성령)은 버스 타고 중간중간 멈추었다 비춰보는 공을 말함이 아니다. 궁극의 근원(절대)에서 일체의 번뇌와 망상이 없는 무염에서 비치는 공을 말한다네. 일체의 알음알이가 끊어지고, 조금의 미혹도 없으며, 초순수의 의식에서 비추어 봄을 말한다네.

❖ 덧붙임: 궁극의 근원 ('절대계'란 분별이 없는 상태를 말하고 넓게는
　　　　　우주 자연의 중심점)

99. 비추어 봄이 반야 바라밀의 지혜이다

비추어 봄이 반야 바라밀의 지혜이다. 이것을 이렇게 보라고 저것
은 이렇다는 것이 아닌 완전히 힘을 빼고(아상) 실상을 바라보라는 할
아버지가 손주에게 다정하게 일침을 놓고 있는 지혜의 말씀이다. 거
듭 비추어 보라!

100. 오대산 오만 보살님들께 수능엄삼매의 깨달음을 검증받다

자기가 공부하는 것에 대하여 최고의 탑에 오른 스승이 누구인지 그리고 그분이 하시는 말씀 정도는 학습되어 있어야 합니다. 이 수능엄삼매는 태안사 청화스님에게서 말씀은 하셨지만, 아직 한국에서는 이 삼매에 들어 깨달음을 노래하는 오도송을 아직 접하지 못하였습니다. 그리고 견성의 오도송은 접할 수 있지만 이런 깊은 선정을 체험한 의식의 이야기가 없다 보니 저는 일차적으로 티베트의 밀라레빠의 경지를 참고하였습니다.

그 공을 체험하는 의식은 석가모니 부처님이나 우리가 별반 다르지 않습니다. 하여, 어떤 스승을 찾아가서 검증을 받을 수 있는 시스템이 없다 보니 저는 늘 그런 것처럼 가까운 오대산 선재길에서 오만 문수보살 님들을 마음으로 친견합니다. 인간의 영성이 깊은 것 같지만 자연의 내공을 따라갈 수가 없다는 것을 알기에 내가 공부한 것을 저는 늘 순수한 대자연 앞에 비추어 봅니다. 그것에 대하여 한없이 부끄러움이 올라오면 그 공부는 바르게 되었다고 저는 생각을 합니다. 반면에 자기의 공부가 자연보다 한 수 위라고 생각하면 그것은 좀 생각을 하여볼 문제라고 저는 생각을 합니다.

준비한 물 한 잔을 올리고 오만의 문수보살 님께 법문을 청합니다. 내가 무심이 되면 될수록 그것에 대한 답변은 늘 회광반조가 되어 돌아왔습니다. 겸손함을 잊지 말고 늘 '하 심하며 일체중생을 이롭게 하라.'라는 사자후로 오대산이 포효합니다. 거듭 지심 귀 명례를 올립니다.

깊은 선정으로 들어가지 못하는 원인은 이러하다.

- 번뇌와 망상이 나와서이고
- 마음이 산란하다 보니 집중력이 부족하여서이고
- 우리의 뇌가 각종 정보로 무의식이 오염되어 있다.
- 몸의 에너지센터가 막혀 있다 보니 신진대사가 원활하지 않아 지금도 마음이 만들어진다.
- 무의식에 부정적인 잔해가 남아있다.
- 발 보리심이 세포에 입력이 부족하다.
- 우주 자연 에너지의 도움을 받지 못하여서이고
- 몸과 의식이 이완되지 못하여서 굳어 있다.
- 화두를 드는 의정이 부족하고 간절한 마음이 부족하다.
- 화두와 대적하다 보니 공부의 방향이 불안정하다.
- 반듯이 생사의 윤회에서 벗어나겠다는 출리심이 부족하다.
- 이것에 도달한 스승을 찾지 않아서이다.
- 몸 수련을 하지 않아서이고 또한 우리가 소홀하고 놓친 것을 공부하지 않아서이다.
- 어떤 초인적인 힘은 일곱 개의 에너지 신경이 열리고 연마하면 얻을 수 있다.
- 보리심의 지혜를 사유하지 않아서이다.

이것에 대한 처방전은 이것이다.

- 천상의 음 만트라와 교차 호흡, 발 보리심과 보리심의 지혜이다. 이처럼 원인을 제거하면 수능엄삼매에 드는 조건이 됩니다. 백일만 하루에 15시간 정도 수련하면 깊은 선정과 묵상에 들 수 있다.

101. 귀향

본성과 성령은 태어남이 없었기에 죽은 적 없고 죽은 적 없었기에 태어난 적도 없다. 망념의 먹구름이 걷히니 본래 밝은 허공이 드러난다. 무량한 시간 속에 헤매다 이제 이 무소득고를 깨달아 확인하니 공의 현전에 머무는 바 없이 또한, 집착 없는 마음을 낼뿐이다.

102. 부처님께서 연꽃을 들어 보임에 죽비를 세 번치고 돌아왔다

수능엄삼매에서 나오고 그다음 날 걸망을 챙겨 오대산 적멸보궁으로 보림의 만행을 떠났다. 철저하게 걸어서 산천을 둘러보며 오만 문수보살 님들과 법을 주고받으며 수능엄삼매의 깨달음을 검증받았다. 이십 대 초반부터 구법의 갈증에 목말라 이 선재길을 수없이 검정 고무신을 신고 걸었던 생각들이 떠오르고 한 경계와 그것을 해결함도 이 길 속에서 역시 오만의 문수보살 님들께 묻고 답을 들으면 늘 내 안의 본성은 그때그때 바른 지혜를 주셨다.

오늘 근 40년이란 깨달음의 여행에 드디어 석가모니 부처님께 삼배를 올리고 당신의 제자가 되어 너무도 영광이며, 또한, 이런 수승한 가르침을 주신 당신을 스승으로 모실 수가 있어서 아낌없는 축복을 받고 이 진리의 가르침으로 널리 중생을 다 건질 것을 서원하였습니다. 연꽃을 들어 보임에 자비는 죽비를 세 번치고 명심 견성의 지복감으로 충만하여 10시간을 걸었습니다. 그 10시간의 시간은 오대산 문수보살 님들의 법문을 듣는 시간이었습니다.

103. 스스로 무르익어야 도인을 볼 안목이 열린다

응달진 비탈에 서 있는 나무는 햇볕을 받지 못하여도 아랑곳하지 않고 속과 겉을 충실하게 키워냅니다. 톱질해 보면 오히려 양달에서 자란 나무보다 응달의 나무는 나이테가 더 촘촘하여 나무가 단단한 내성을 갖추었습니다. 자연은 어떠한 상황과 조건에서도 스스로 내면을 들여다보며 생명의 작업을 이어가고 있습니다. 나무의 내공과 소통하려면 우리도 늘 스스로 내면을 비춰보는 습관을 통하여 지나친 욕심과 욕망으로 정체되지 않게 소욕지족의 지혜로 막힘이 없게 흘러가게 하여야 합니다. 눈만 뜨면 핸드폰에 손이 가는 세상에 심상으로 상대의 마음을 읽을 수 있는 것은 특별한 비법이 필요치 않습니다. 늘 나의 마음을 '나라는 상'을 줄이고 더불어 함께하는 생각으로 흘러가면 나의 심상의 거울은 스스로 밝아 안목이 열립니다.

안목은 지식으로는 한계가 있습니다. 진리의 에너지와 본래 우리가 지닌 순수영성인 본성으로 늘 자신을 비추어 보아야 묵은 때가 벗겨집니다. 여기에다 만트라 명상만 하여도 업장이 정화되어 번뜩이는 아이디어와 창조적인 생각이 함께할 것입니다. 이것은 우리가 생각하지 못하였던 순수의 의식이기에 막힌 것은 뚫어주고 어리석은 한 생각은 지혜로 만들어 줄 것입니다. 이럴 때 자신의 안목이 넓어져서 눈 밝은 선지식을 만날 수 있습니다. 여기저기 안목이 트인 사람들이 나와야 세상이 정화되고 또한 그런 분을 발굴하고 이끌어 주는 것도 안목이 필요한 것입니다. 선의 진수는 이심전심이기에 내가 안목이 열려야 그 시원하고 통쾌한 신의 한 수가 나오는 법입니다.

❖ 덧붙임: 안목이 있는 지도자는 기다려지지만, 그것에 앞서 내가 먼저
탐심을 줄이고 숨 한번 바르게 쉬고 나면 산천초목이 다 나의
스승인 것이다. 내가 먼저 정화를 하면 상대가 보인다.

104. 32상 80종호를 갖추면 우주 자연과 교감하여
더 순수영성을 회복한다

　의식으로 하는 수행으로는 우리가 살아가는 현실에서 상대를 이롭게 하기엔 역부족한 상태의 시대에 우리는 살고 있습니다. 복잡 다변화된 사회에서 영성 수행자의 역할은 과거보다 다양한 근기의 사람들을 제도하고 이 사회에 지도자가 되어야 하는데, 지금은 그 한계지점을 넘어섰습니다. 그러하다 보니 종교는 멈추어서 새로운 페러 다임을 제시하지 못하고 있다는 것입니다. 반면에 몸 수행을 병행하면 의식에서 배운 진리를 몸을 통하여 본인 스스로 증하고 건강하고 맑고 밝게 나 자신과 이웃에게 이바지하는 바도 크며 무엇보다도 이 변화되어 가는 우리 사회와 지구촌에 몸과 의식의 연기법을 적용하여 도움을 줄 수 있는 게 가장 중요한 이유입니다.

　'세간 법으로 풀지 못하는 것은 연기법을 적용하고 보리심과 보리심의 지혜 속에 다 들어 있습니다.' 이것을 늘 문사수를 하는 사람이 있으면 사회와 지구촌은 혼란 속에서도 지혜가 나오기에 희망을 줄 수가 있다는 것입니다. 기존에 틀에 박힌 고정관념으론 이런 이야기가 그렇게 공감을 받을 수가 없지만, 무엇인가 내가 세상에 도움이 되어야 한다고 생각하고 연기법과 보리심 보리심의 지혜를 문사수한 사람은 어떡한 어려움에도 그 상황에 맞는 지혜를 제시할 수가 있습니다. 이것을 우리는 빛내고 공부해야 할 당위성이 있습니다. 이런 지혜를 주신 고타마 싯다르타의 깊은 내공은 지구촌 그 누구도 여기까지 헤아리지 못하였다는 것을 이것은 지구촌의 축복입니다. 축복은 말로써 끝나야 하는 것이 아니라 이런 위대한 진리를 볼 줄 아는 안목과 이것의 위대함으로 모두를 다 행복하게 하여야 함이 우리의 몫임을 각성하는 시간이 되어야겠습니다.

❖ 덧붙임: 보리심의 지혜란? 일체 모든 생명을 평등하게 자식같이 사랑하는 대승의 마음으로 한마디로 뭇 생명에 대한 자비심을 말한다. 이것을 24시간 늘 사유하면 우주 자연의 법계에서 최상승의 지혜임을 확인할 수 있으며, 이것으로 우리 사회와 지구촌의 모든 문제를 회통할 수 있는 지혜로 우리가 지금까지 공부하는 진리는 다 이것으로 가는 길임을 알아야 한다. 그리고 공부가 더 깊어지면 우주 자연이 이 보리심의 지혜로 운행되는 대자연의 깊은 뜻을 스스로 확인할 수가 있다.

105. 수능엄삼매의 선정을 말하는 것은 언어도단이다

　오직 '깨쳐서 증해야 할 일'이지 이것을 말하는 것은 '언어의 도단'이다. 깊고도 깊은 마음의 자리가 멸한 상태는 체험하여야 그 가치가 소중하고 아름다운 것이다. 그 법열의 환희는 가슴과 가슴으로 이심전심의 파도처럼 밀려오는 것이다.

❖ 덧붙임: 실천과 체험은 가는 길을 더 확고하게 하여 주어 마치 봄바람이 해마다 남쪽에서 불어와 꽃망울을 피우는 격이다.

106. 『반야심경』은 인류사의 혁명이다

깊은 선정을 체험하지 못하고 접하는 『반야심경』의 가치는 밥은 먹었지만, 배가 고프다고 할 정도로 그 진가를 만나지 못한다. 그런데 깊은 선정의 삼매를 경험하고 만나는 『반야심경』은 한마디로 대충격이다. '어쩌면 이렇게 심심 미묘하게 깊고도 깊게 인간의 영성으로 정신세계를 들여다볼 수가 있을까?' 하는 의문점이 나올 정도로 찬탄할 경문이다.

이것은 깊은 선정의 삼매에서 우주 자연의 실상을 주체적으로 파악하여 초월의 의식으로 최고의 각성 상태에서 나올 수 있는 인류사의 정신적 하나의 혁명이다. 이것으로 인간의 영성은 업그레이드될 수가 있었고, 또한 인간의 생로병사의 괴로움에서 벗어나는 지혜를 아주 심오하게 밝히고 있다.

방대한 경전의 이야기를 최대한 압축할 수 있었던 핵심은 깊은 선정의 삼매를 증하였기 때문이다. 그러하기에 이 『반야심경』은 누구든지 깊은 선정의 삼매를 증하고 보면 자기가 증한 이야기를 그대로 적었다는 것을 공감하게 된다. 그것은 법성은 원융 무 이상이기(본성은 오묘하고 원만해서 상대적이지 않기에 둘이 아닌 하나이기) 때문이다. 자기가 깨달아서 증하여야 이 『반야심경』과 『법성게』의 감동이 파도같이 밀려오며 그 벅찬 감동과 법의 희열을 증하여서 확인하여야 할 것이다. 이 정도 되어야 반야 바라밀의 지혜로 우리 사회와 지구촌에 도움을 줄 수가 있다. 그리고 그 스승님의 발끝에 머리 조아리며 '지심 귀명례'를 올리며 세세생생 법의 인연으로 이어지길 축복할 것이다.

❖ 덧붙임: 결국 수능엄삼매는 『반야심경』을 비추어 봄으로 대변할 수 있다.

107. 『법성게』는 최고 깨달음의 노래이다

의상 스님의 『법성게』는 깊은 선정의 삼매에서 깨달음을 노래하는 '마하무드라(본성을 체득하여 부르는 깨달음의 노래)'이다. 본성의 성품을 밝히고 화엄의 연기로 우주 자연 법계의 핵심을 밝히고 있다. 그냥 단순하게 본성만 노래하였다면 뭔가 좀 아쉬움이 있을 수 있을 텐데 연기법을 우주 자연 법계의 실상을 연기함을 노래하였기에 최상의 깨달음 노래라고 칭하는 것이다. 동서고금 선지식의 깨달음엔 텅 빈 공(본성)의 노래가 대부분인데 의상 스님께서는 부처님의 핵심인 연기법, 그것도 우주 자연 법계의 실상을 노래한 것은 이것은 부처님 이후 최고의 걸작이다. 그것의 핵심은 이것이다. 일 중 일체 다중일, 일즉일체 다 즉일, 일미 진중 함 시방, 일체 진중 역여시 저 허공 단풍나무 줄기에서 의상 스님의 사자후가 들린다.

108. 수능엄삼매를 중한 공덕은 무엇인가?

인연이 되는 사람들을 다 행복하게 하리라! 그러나 깨달음 가운데
는 진실함과 헛됨도 없다. 농사는 풍년인데 거둘 나락이 없다. 머무는
바 없이 마음을 내리라.